더 밝은 내일을 향하여

가하 이동진 제29 시집
더 밝은 내일을 향하여

초판 1쇄 발행 2024년 7월 31일

지 은 이 ｜ 이동진
펴 낸 곳 ｜ 해누리
펴 낸 이 ｜ 김진용
편집총괄 ｜ 조종순
디 자 인 ｜ 종달새
마 케 팅 ｜ 김진용

등   록 ｜ 1998년 9월 9일 (제16-1732호)
등록변경 ｜ 2013년 12월 9일 (제2002-000398호)
주   소 ｜ 서울시 영등포구 당산로 20길 13-1
전   화 ｜ (02) 335-0414   팩스 ｜ (02) 335-0416
전자우편 ｜ haenuri0414@naver.com

ⓒ이동진, 2024

ISBN 978-89-6226-137-0 (03810)

* 이 책은 무단 복사, 복제, 전재하는 경우에는 저작권에 저촉됩니다.
* 잘못된 책은 구입하신 서점에서 바꾸어 드립니다.

Toward the Brighter Tomorrow

架下 李東震 제29 시집

더 밝은 내일을 향하여

이동진 지음

나의 분신, 나의 기쁨,
그리고 이 세상 그 무엇보다 더 소중한
나의 딸 고운이에게 이 책을 헌정한다.

This book is dedicated to Ko_Un Lee,
my beloved daughter, my alter_ego and my treasure
more precious than anything in the world.

머리말

스물아홉 번째 시집을 발간하며…

2021년 4월부터 와병 중이다.
보행이 불가하고 손글씨도 마음대로 되지 않아
전자펜으로 핸드폰에 글을 썼고
그 글을 정리, 여기 단행본으로 출간한다.
어쩌면 나의 마지막 시집이 될지도 모른다는
불길한 예감마저 뇌리를 스친다.
원래 시집을 33권 내겠다고
1969년에 첫 시집을 낼 때 나 홀로 작정했다.

33은 나자렛 예수가 이승에서 보낸 햇수다.
앞으로도 시를 계속해서 쓰고 시집도 출간하겠지만
내가 생전에 시집을 33권 낼 수 있을런지는 미지수다.

하지만 목표를 정하고 노력하면
그걸로 충분하다는 생각도 든다.
하여간 해 보자….

진인사대천명(盡人事待天命)이다.

2024. 6. 4.
가하(架下) 이동진 쓰다

《현대문학》 1970년 2월호 수록
박두진 시인의 추천사

[시 추천 후기]

이동진 씨의 3회 추천을 끝낸다.

〈다시금 돌아가야 한다〉는 지금껏 보다 뛰어나게 좋은 작품은 아니지만 그의 견실(堅實)한 그동안의 수련 실력을 알아볼만 한 것이다.

시가 먼저 사상의 기조(基調)가 서 있어야 하고 그것이 정서적 안정과 조화를 표현으로서 획득해야 함은 물론이지만, 이동진 씨는 미흡한 대로 이에 대한 불안을 가시게 해주고 있다.

정력적인 다작을 탓할 생각은 없으나 꿈을 품고 대리석을 쪼듯 좀더 조형적인 조탁(彫琢)에 힘써주었으면 한다.

시적 천질(天質)을 다듬는 것과 사상과 기교의 원숙을 위한 노력이 결코 쉬운 일이 아니며 일생을 걸어야 하도록 지난(至難)한 사실임을 재인식하기를 당부한다.

　　　　　　　　　　　　박두진

《현대문학》 1970년 2월호, 추천 완료 詩

다시금 돌아가야 한다

이 동 진

다시금
집으로 돌아가야 한다

한낮의 이야기들을
뜨겁게 안주머니에 접어넣은 채
아직 마무리하지 못한
아스팔트의 욕망들을 들여다보며
가슴을 한 겹씩 뜯어내면서
우린
돌아가야 한다
그림자만이 길게
길에 부드러움을 깔며 가는 시간

스스러운 표정 위에 서러움이
설익은 석류 속처럼 물보라 지면
마구 선인장을 씹듯
새빨갛게 하루를 다지는 사람들
거품의 볼마다 영롱하게 흐르던 숲은
어두움에 부풀어 터져 버리고

스피카에선
문득 난파선의 비명이 쏟아지고
하아……
하아……
숨결은 거칠어진다

단색의 바리게이트 앞에 얼어붙은
심장과 의무의 시선을 지나
끝없이 소박한 원시의 거리로 가면
아마
우리의 등불은 밝혀지겠지
싱싱한 녹색의 풀은
쓰라린 발바닥에 이슬을 주고

지금은 망설임 없이
경건하게 돌아가야 한다
집으로
집으로 돌아가야 한다

현대문학 1970. 2.

《현대문학》 1970년 2월호
추천 완료 詩_
〈다시금 돌아가야 한다〉

《현대문학》 1969년 5월호, 추천 제1회 詩

韓의 숲

이 동 진

숲이 너무나 어둡기 때문입니다

잎새의 향기로운 내음과
초여름 저녁 바람을 하얗게 잊어버린 숲으로
우리의 발은 늘 정답던 길을 찾아가고
길 가 잘게 흔들리던 풀잎 위로
태양의 이슬처럼 반짝이던 이슬을 보기 위하여
가슴속에 설레임을 이유도 없이
마구 불러내는 폭군은 우리네
고귀한 젊음이기 때문입니다

수없이 아름답던 별과
지칠 줄 모르고 바라보던 동해안의 물결과
그리고
셀 수 없는 세월 동안 잉태된 번민의 파도들이
탁한 밀물에 힘없이 떠밀려 오는
서쪽 바다의 그 많은 항구들.

조그마한 우리네 아이들이 아버지를 향하여
언젠가 가슴 아픈 전설을 물어 올 때면
우린

熊女의 이야기를 들려주면서 가만히
아이의 눈동자에 파문 짓는 자학의 씨앗 앞에
그대로, 그대로 化石이 될 것입니까

韓의 얼을 위한 하나의 제단을 아직껏
이 땅에 쌓아 올리지 못함은 정녕
길이 질기 때문입니까

숲은 너무나도 어둡읍니다.

우리네 생명과 아이들의 아이들과
또 그 아이들의 끊임없는 아이들을 위하여
불멸의 성화 타오를 재단 제단 앞에서
우리네 뜨거운 손을 묶는 자는 누구입니까
韓이여

약한 이웃의 운명을 지고
먼 길을 가야 할 우리네 발에
올가미를 거는 자는 누구입니까

제단도 없고 타오를 진실의 기름조차
마련하지 못한 채
우린 정녕
어두어 가는 숲속에서 밤을
밤을 기다려야만 합니까

현대문학 1969. 5.

【추천 완료 소감(詩)】《현대문학》 1970년 2월호 수록
가하(架下)의 예레미아

이동진

멀리서 강변의 모래밭을 바라보면 주름 하나 없이 다리미로 민 것처럼 보이나, 그 모래밭 펼쳐진 폭에는 숱한 주름과 상처와 발자국과 그리고 추억의 잔물결들이 향기처럼 맴돌고 있는 것이다. 대략 4년 동안 끄적거렸던 나의 300여 편의 시들과 추천된 3편의 시들과의 엄청난 대비(對比) - 그것은 정적에 젖은 채 하늘을 담고 있는 모래톱의 언어로나 이야기할 수 있을까? 이제 원시림 앞에 서서 젊음과 순수의 등(燈)만을 들고 그 깊은 어둠을 헤쳐 보려는 탐험가처럼 나는 새삼 시의 영역으로 들어서는 것이다.

발표 그 자체보다도, 그러니까, 문명 속에 일생을 모자이크해야만 하는 숙명의 한 청년으로서 나는, 가장 진실한 증언자가 되고 싶다. 시의 음성과 의상을 통하여, 비록 십자가 아래 고독한 예언자가 된다 하여도, 퇴색하지 않는 언어로 삶 그 밑바닥을 갉아 먹는 독액에 중화제를 던지며, 핏방울 다하는 발언자가 되고 싶을 뿐이다. 일체의 성

실을 응결시켜 나의 펜끝에서 어리석음과 욕망과 오류의 혼돈이 파멸하도록 조그마한 넋을 불태우고 싶을 뿐이다.

가하(架下)의 예레미아가 합창이 된다면, 얼마나 좋으랴! 들을 귀 있는 자만이 시의 음성을 들을 수 있고, 또한 들리는 음성으로 이야기하는 자세를 더욱 닦아야 함을 가슴에 새긴다.

박두진 님께 감사드리며, 사랑하는 어머니와 다정한 벗들, 특히 최초로 나의 시를 깊이 이해해주었던 벗 요한과 함께 이 시작의 기쁨을 나누고 싶다. 운율의 불꽃 속에 미소처럼 떠오르는 하나의 얼굴을 응시하며 그것이 불멸의 묘비명으로 나의 이름 곁에 기록될 얼굴이기를 진실히 갈망하며 소감을 줄인다.

1945. 1. 1   황해도 옹진 출생
1970. 2   서울대 법대 법학부 졸업예정
1968. 10   카톨릭시보 주최 현상문예작품모집 시 당선
현(現)   외무부 의전실 여권과(외무사무관)

《현대문학》1970년 2월호

【안춘근,《한국고서평석》에서 〈韓의 숲〉 평하다】

《韓의 숲》, 이동진

출판된 지 오래 되어 흔히 찾아볼 수 없는, 고서점에 있는 책을 고서(古書)라 하고, 한손 건너서 헌책 속에 쌓여 있는 책을 고본(古本)이라고 한다면, 그 같은 고본 가운데서도 좋은 책을 찾아낼 수가 있다. 얼마 전에 늘 다니던 고서점에 갔다가 오래 된 고서만을 고르는 사람들의 관심 밖의 고본이 널려 있는 자리에서 특별히 눈길을 끈 책이 있어 집어 들었다.

이 책은 4×6배판 크기의 큰 양장본인데 표지의 위로부터 3분의 1을 옆으로 잘라 "韓의 숲"이라는 제호를 쓰고 그 아래 3분의 2 부분에는 컬러로 나무를 그린 서양화로 가득 채우고 있었다. 이상하게도 표제인 "韓의 숲"의 글자가 보는 각도에 따라서 금빛이 어른거리는 것이었다. 이상하다 싶어 손에 들고 자세히 살펴보았더니 아니나 다를까, 글자의 검은 바탕 속에 나뭇잎 모양의 금박이 박혀 있었다.

그렇다면 이 책의 내용이 어떻든 우선 장정으로 보아 다른 책과는 다른 관심을 끌게 하는 책이었다. 우리가 어떤 책을 희서(稀書)라고 말하는 것은 그야말로 보기 드문 희귀한 책일 경우이고, 기서(奇書)라는 것은 책의 내용이야 어떻든 다른 책과 틀린 특별한 모습만 드러내도 그렇게 말할 수 있다.

그런 의미에서 이 《韓의 숲》은 기서라 할 만 했다. 책의 만듦새가 다른 책과는 다른 것이기 때문이다. 속표지를 열어 보고서야 이 책이 이동진(李東震)이라는 사람의 시화집이라는 것을 알 수 있었다. 또 1969년 12월 18일에 이모에게 기증한 책이었다는 사실도 알게 되었다. 같은 해 12월 1일에 '지학사'에서 출판된 이 시화집에는 많은 원색 삽화가 들어 있는 호화판이다. 그림을 그려 준 화가에게 기증한 책이었는데 어찌된 사연인지 고서점 한구석에 나돌고 있었다. 작가는 책이 출판되자마자 재빨리 서명해서 그에게 기증했는지도 모를 호화판 시화집이었지만, 얼마 전에 고서점에서는 단돈 1천 5백원에 팔리는 고본이 되고 말았다.

책은 사람과 같아서 태어나면서 각기 운명이 달라진다. 사람들이 같은 때 태어나도 서로 운명이 다른 것처럼 책도 같은 날 같은 시각에 발행되지만 어떤 책은 도서관 깊숙이 보관되어 오래 생존할 수 있으나, 어떤 책은 출판되자마자 이 땅에 발붙이지 못하고 사라지는 수도 있다. 책은 발도 없이 세계 어느 곳이나 여행할 수 있다고도 하지만 어떤 책은 태어난 지 얼마 안 되어 무참히 파손되어 쓰레기통으로 들어가는 것도 있다. 책의 운명이 사람과 같다는 생각은 어제 오늘에 비롯된 말이 아니라는 사실을 이 책의 작가도 알고 있었던지 61페이지에는 책을 펴 놓은 그림에 곁들여서 〈삶은 한 권의 책〉이라는 시가 실려 있다……(이하생략)

— 《한국고서평석(韓國古書評釋)》 동화출판공사,
1986년 9월 5일 초판 발행, 본문 중에서

이동진 시집 출판 목록(1969~2021)

《韓의 숲》
지학사, 1969.12.

《쌀의 문화》
삼애사, 1971.5.

《우리 겨울길》
신서각, 1978.3.

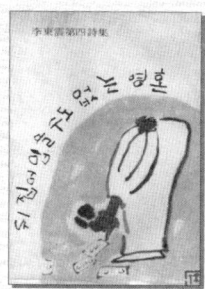
《뒤집어 입을 수도 없는 영혼》
자유문학사, 1979.1.

《꿈과 희망 사이》
심상사, 1980.5.

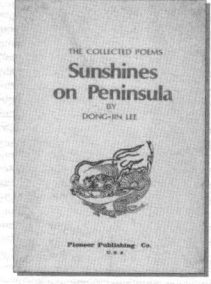
《Sunshines on Peninsula》
Pioneer Publishing Co., Los Angeles, 1981.3.

《신들린 세월》
우신사, 1983.7.

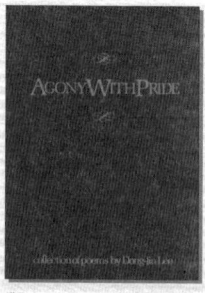
《Agony with Pride》
Al Hilal Middle East Co.Ltd., Cyprus, 1985.1.

《Agony with Pride》
서울국제출판사, 1986.8.

《이동진대표시선집》
동산출판사, 1986.8.

《마음은 강물》
동산출판사, 1986.8.

《객지의 꿈》
청하사, 1988.8.

《담배의 기도》
혜진서관, 1988.11.

《바람 부는 날의 은총》
문학아카데미, 1990.1.

《아름다운 평화》
언론과 비평사, 1990.12.

《우리가 찾아내야 할 사람》
성바오로출판사, 1993.3.

《오늘 내게 잠시 머무는 행복》
문학수첩, 1995.10.

《1달러의 행복》
문학수첩, 1998.4.

《지구는 한 방울 눈물》
동산출판사, 1998.4.

《Songs of My Soul》
독일 Peperkorn
Edition, 1999.10.

《개나라의 개나으리들》
해누리출판사, 2003.9.

《사람의 아들은 이렇게 말했다》
해누리출판사, 2007.6.

《내 영혼의 노래》
등단 40주년 기념시집
해누리출판사, 2009.11.

《Songs of My Soul》
《내 영혼의 노래》영문판
해누리출판사, 2009.11.

《개나라에도 봄은 오는가》
해누리출판사, 2014.12.

《굿모닝, 커피!》
해누리출판사, 2017.12.

《韓의 숲》 초판 복간
등단 50주년 기념시집
해누리출판사, 2019.12.

《얼빠진 세상》
등단 50주년 기념시집
해누리출판사, 2019.12.

《얼빠진 시대》
등단 50주년 기념시집
해누리출판사, 2020.4.

《얼빠진 나라》
등단 50주년 기념시집
해누리출판사, 2021.11.

차 례

머리말 • 6
박두진 시인의 추천사 • 9
《현대문학》 추천 완료 시 〈다시금 돌아가야 한다〉 • 10
《현대문학》 추천 제1회 시 〈韓의 숲〉 • 12
이동진 시인의 추천 완료 소감 • 14
안춘근,《한국고서평석》에서 〈韓의 숲〉 평하다 • 16
이동진 시집 출판 목록(1969~2021) 소개 • 18

인생은 별 거 아니지만… • 28
풀잎 끝에 매달린 잠자리 • 32
늙은 베르테르의 사랑, 그건 미친 짓이다 • 34
바닷가 아이들 모래성 쌓기 놀이 • 36
명당자리 따위는 원래 없다 • 38
너, 나, 우리는 지나가는 바람이다 • 41
사랑은 결국 덧없는 갈증 • 43
우리 시간은 오로지 오늘 뿐이다 • 46
생긴대로 살아라! • 48

남도 나 자신도, 모든 죄를 용서하자 • 51
비겁한 자, 비열한 자, 용감한 자 • 54
인류 역사는 밤하늘이다 • 56
생사의 갈림길, 선택은 자유다 • 58
생로병사는 선택이 아니다 • 62
우물 안 개구리들과 산불 • 65
다이아몬드에 눈먼 왕비의 추태(우화) • 68
어떤 사람은… • 71
자선, 선행… 한가로운 소리일 뿐일까? • 72
전세사기의 공범들은 국회에 있다! • 74
노부부의 사랑 • 77
세월 앞에는 장사 없다 • 79
기호지세에는 공수래공수거 뿐이다 • 81
천년제국 왕궁터 • 83
썩은 정치인들이 다 죽어야 나라가 산다 • 85
자, 떠날 때가 다가온다 • 89
사형제도에 찬성한다 • 91
더위도 더위 나름이다 • 95
허망보다는 신앙이 더 낫다 • 98
걸레도 걸레 나름이다 • 100
저승에서 그들은 후회나 할까? • 102
파라오들의 미이라는 가짜 신이다 • 105
재채기는 우리 몸의 정당방위다 • 108
인품의 향기는 널리 퍼지리라 • 112
   -요셉의원 선우원장을 추모하며
생로병사가 독감처럼 되면, 유토피아일까? • 113
감사할 일이 많다! • 116
유시유종! • 119
잘난 놈도 세상에는 없다 • 121

황천의 나룻배 • 124
모든 것은 변한다 • 126
광신도의 광란은 교주가 죽어야 끝난다 • 129
판사가 풍향계의 닭일 바에야 AI가 더 낫지 • 132
허망한 것들… • 134
문제가 생기면… • 136
불가능한 꿈은 망상일 뿐일까? • 138
대문 밖이 저승이다! • 140
산다는 것은 변한다는 것이다 • 143
병들지 마라 아픈 게 죄다 • 145
족발집 앞을 지나며 • 147
친구란… • 149
찬미와 감사 뿐이다 • 151
이승의 가치가 저승에서도 통할까? • 154
물질은 천하고 정신은 고상한가? • 158
마약중독보다 더 독한 중독성의 뉴스병 • 160
프랑스의 뉴 패션은 빈대! • 163
10년 젊게 보인다? 그래서? • 165
사라질 때는 고요하게! • 169
너무 오래 여기서 꾸물대지 말고 적절할 때 떠나가자 • 172
무슨 뜻인가? • 174
틱톡 틱톡 • 176
돈 철학… • 178
인생도 인생 나름, 일장춘몽만은 아니다 • 181
시간의 소리 • 183
나이들수록 못하는 일도 많아지지만… • 186
아디오스, 아미고! • 188
초 한 자루 • 191
실타래 • 193

뒷마당 노송 두 그루 • 194
그리하리라 • 196
산 영혼, 죽은 영혼 • 198
눈물의 계곡은 기적의 골짜기다 • 200
목조가옥 • 201
인류의 가슴에 감동을 준 주님! • 203

폴리비지. 즉 정치꾼, 정치모리배 • 210
젊은 날의 짧은 소나기 같은 감정 • 212
이슬 한 방울 • 215
사랑은 영원한 것, 그래, 그렇지 • 217
막이 내린다, 종이 울린다 • 219
추억의 빈 의자 • 221
주님의 뜻대로, 그 사랑으로…, • 223
더 밝은 내일을 향하여 • 225
생사는 천직이니, 누구나 모두가 순직이다 • 227
찰나와 영원의 차이 • 229
우리 몸은 질그릇 작은 등잔 하나 • 232
무시무종은 신이다 • 234
기도하라, 기적을 믿어라 • 236
촛불의 불꽃은 초의 영혼이다 • 238

같은 입, 같은 손인데 왜 다를까? • 240
아뉴스 데이(Agnus Dei), 하느님의 어린양 • 242
림보나마 감지덕지 아닐까? • 245
인생도 역사도 하루일 뿐일까? • 247
무한한 바다, 무수한, 생각의 바다… • 249
착각 • 252
어느 새 사라지는 꽃잎들 빗방울들 • 253
견해 차이가 아니라 인생관이 다르다… • 255
신목, 즉 신의 눈초리 • 258
환생보다 더 괴로운 일은 없다, 하지 마라 • 260
허공을 잡고는 일어설 수 없다 • 262
모든 영혼은 평등하다 • 263
포도주와 사람 • 264

〈조선일보〉 인터뷰 기사 • 266
이동진 작가 연보 • 273
찾아보기(시 가나다순) • 283

Part 1

풀잎 끝에 매달린 잠자리
너, 나, 우리는 지나가는 바람이다
우리 시간은 오로지 오늘 뿐이다
인류 역사는 밤하늘이다
생사의 갈림길, 선택은 자유다
우물 안 개구리들과 산불
노부부의 사랑
세월 앞에는 장사 없다
기호 지세에는 공수래공수거 뿐이다
천년제국 왕궁터
프랑스의 뉴 패션은 반대!
사라질 때는 고요하게!
시간의 소리
…

인생은 별 거 아니지만…

인생은 별 거 아니다
하루 하루 사소한 일들이 쌓여서
수십 년 일생이 되니,
백년, 천년에 하나 출현하는
위인이나 천재가 아닌 바에야
어느 누구든 천지가 요동칠 정도로
그 인생이 별 거일 리도 없다

하지만 인생의 체험은 별 거다
누구의 일생이든
모두 대단히 별 거다
단 한번의 일생이
상선벌악의 영원한 결과를 초래하니까!

또한 인생 체험은
천사도 못하는 거고
심지어 하느님의 외아들 마저도
사람으로 태어나야만 할 수 있었으니,

사람만이 체험이 가능한
이승의 일생이란
그 얼마나 대단한 별 거 인가!

하루 하루의 삶을
가볍게 보지 마라
별 거 아닌 듯이 보이는
그 하루 하루가
각자의 영원한 행복 또는 처벌을
결정하는 갈림길이니 어찌하겠는가?

이승에서 아직 시간이 있을 때
기회가 있는 동안
남들에게 선행과 자선
부지런히 하자!
악행은 피하고
남을 괴롭히지도 말자!
속임수, 헛소문, 인기,
권력, 부귀영화, 따위가
이승을 떠난 뒤 도대체
무슨 소용인가?

진부한 말이지만

공수래공수거
왕이나 거지나 누구나 떠난다
백년 천년 뒤가 아니라
제아무리 발버둥 쳐도
불과 수십 년 이내에,
눈 깜짝 할 사이에,
모두 떠난다

인생은 별 거 아니다
하루하루가 그저 그렇고 그러하니
별 거 일 리도 없다
하지만 사람으로 태어나
단 한번밖에는 겪을 수가 없는
인생체험이란
참으로 대단한 별 거다

그것은 주님께서
오로지 사람에게만 허락하신 것이고
거기에 영원한 결과가 달려 있기 때문이다

믿거나 말거나
각자 자유지만, 명심하라
사실은 사실대로 변함이 없고

자유가 좋은 결과를 초래하는 것은
결코 아니다 명심하라

2023. 7. 18.

풀잎 끝에 매달린 잠자리

풀잎 끝에 매달린
잠자리 한 마리
미풍에도 풀이
하늘하늘 흔들릴 때마다
더 단단히 매달린다

바람이 자면
무심코 눈 깜짝할 새
잠자리는 날아가 버리고
땡볕 아래 풀잎만
하염없이 시든다

어둠이 깔리고 밤이슬 내리면
잠자리는 어디서
이슬을 피할까?

풀잎은
잠자리가 매달리던 그때나 다름없이

오늘도 하늘하늘 흔들린다
잠자리는 풀잎마저
까맣게 잊어버린 지 오래인데…

2023. 7. 21.

늙은 베르테르의 사랑, 그건 미친 짓이다

베르테르 나이 72세에
세계적 명성도 얻고 돈도 넉넉했다
16세 소녀에게 첫눈에 반해 청혼,
거절당하자
자기에게 행복한 미래가 없다고 비관,
자살했다면
지고한 세기적 로맨스인가?
아니면 그냥 미친 짓일 뿐인가?

그는 소녀를 사랑한다고 말은 했지만,
자기 욕심에만 집착했지
소녀의 행복도 미래도
전혀 안중에 없었으니
그건 사랑도 아니다
소녀와 다른 젊은이의 연애와 사랑의 기회를
뺏는 것이니
미친 노욕에 불과했다

늙으면 사라지는 것이 마땅하다
조용히 사라지는 것이
인간적인 최소한의 예의일 것이다

설령 청혼이 수락되어 결혼했다 해도
아마 십년 이내에 파탄했으리라
그러면 늙은 베르테르가 자살한다
더 늙어서 가든 자살하든,
어차피 죽어 마땅한 목숨이다

첫눈에 반한 것은 죄가 아니지만
결혼에 욕심을 낸 것은 죄다
자기 욕심에 눈멀어 남의 행복을 무시한
죽을 죄다
그래서 죽었다 마땅하다

베르테르의 슬픔?
슬프기는 뭐가 슬픈가?
그건 자기 멋대로 하는 생각이지…
세상에 참으로 슬픈 것이 있다면
그것은 이루지 못한 사랑이 아니라
이루지도 못할, 이루어져서도 안 되는 사랑에
목숨을 거는 미친 짓이리라…

2023. 7. 22.

바닷가 아이들 모래성 쌓기 놀이

바닷가 모래톱에서
아이들이 모여
모래성 쌓기 놀이를 한다
누가 더 크게 더 멋지게
쌓는지 경쟁이 치열하다
땡볕 아래 하루 종일
모두 열심히 쌓는다

황혼이 깔리고 갈매기 떼 한가롭게 날 무렵
아이들은 각자 자기 집으로 돌아간다

왕궁이든 오막살이든,
아이를 기다리는 것은
누구에게나 똑같이 공평하게
몸 하나 겨우 누일
작은 침대 하나 뿐이다

밤바다에서 밀려온 파도가

모래성들을 모조리 쓸어간다
모래톱에는 남는 게 없다
아이들 웃음소리는 물론,
어지러웠던 발자국조차 없다

다음날 아이들이 모여
모래성 쌓기를 다시 시작한다
그들은 밤 파도가 쓸어갈 것도 안다
그래도 쌓는다
아이들이 모래톱에서 즐기는 놀이란
그것 뿐이니까….

2023. 7. 24.

명당자리 따위는 원래 없다

무수한 왕조가 흥망성쇠를 거듭했다
수천 년 동안,
어느 왕조가 죽은 왕을 명당자리에 묻지 않았던가?
명당자리가 정말 있다면,
풍수가들은 자기 조상을 거기 묻고
자기가 왕이 되지, 왜 돈을 받고
그런 최고의 자리를 남에게 가르쳐 주는가?

결국 명당자리 운운은 사기다
조상의 묏자리가 나쁘다고 핑계 삼는 것은
현직 통치자들의 책임회피 수단 아닌가?

대지는 어느 곳이나 대지일 뿐
누구에게나 공평한 것이다
하늘의 별자리도 법칙에 따라
운행할 뿐
지상에 새로 태어나는 아기들의
운명과는 아무 상관도 없다

같은 날 같은 시각에 태어나는 아기가
날마다 지구상에는 수백 수천은 되리라
그들이 모두 똑같은 운명인가?
말도 안 된다!

집터가 나쁘다?
방향이 불길하다?
그런 원칙은 언제부터 생겼나?
무슨 근거로 누가 정했나?
정말 그런가?

좌청룡 우백호라?
산이 없는 초원지대에서도 그런가?
망망대해 같은 사막에서는?
달이나 화성에서는
어디가 상서롭고
어디가 불길한 곳인가?
풍수는 지구에서만 통하는 것인가?
그렇다면 그게 무슨 진리인가?

미신을 믿든 말든 풍수를 따르는 말든
각자 자유다
하지만 공직자는 자유가 아니다

수도를 옮기거나
왕궁을 이전하는 것은
개인의 일이 아닌 것이다
수천만 국민에게 영향을 미치니까
더욱이 엄청난 돈이 든다
그 돈은 결국 세금 아닌가?

명당자리가 정말 있다면
풍수가가 자기만 이용할 것이지
그런 천기를 왜 값싸게 남에게 알리는가?
사기꾼 점쟁이에 속아서
망한 동서양의 왕조들을 보고 나서도
또 스스로 속으려 하다니!
그건 어리석은 게 아니라 미친 짓이다!

2023. 7. 26.

너, 나, 우리는 지나가는 바람이다

동네 골목길은 고요하다
숨 막히는 무더위에
인적이 완전히 끊어진 골목길
가로수들도 숨 죽인 채 고요하다

문득 나뭇잎들이 춤추고
가지들이 출렁거린다
너는 한 줄기 바람이다
나는 네가 지나가고 있다고 안다
급히 네 뒤를 쫓아간다
그러나 모퉁이에서 너는 사라지고 없다

너나 나나 동시대에 골목길 가로수를
스치고 지나가는 한 줄기 바람일 뿐이다
뭐 대단할 것도 없다
기껏해야 나뭇잎이나 가지들을
잠깐 흔들어줄 따름이다
너, 나, 우리가 지나가고 나면

골목길은 다시금 고요하다
다른 바람을 기다린다
새 바람을 기다리는 것이다
골목길은
수천 년 동안 그러했으니
아쉬울 것도 없다
잠시 지나가면 그만이다
언제 어떻게 지나갔는지 기억조차 없다
설령 기억한들
기념비를 세우든 피라밋을 쌓든
다 부질없는 애들 장난일 뿐이니
그런 게 무슨 소용이 있겠는가?

2023. 7. 29.

사랑은 결국 덧없는 갈증

너는 생맥주를 즐겼지
나도 그랬지 사시사철 언제나

우리는 왕대포 생맥주에
마주 보며 웃었지
무슨 웃을 일이 그리도 많았던지…

오래 묵은 갈증을 풀어주기도 했지만
새로운 갈증도 일으키던
생맥주,
생맥주 자체에 대한 갈증도…

밤이 어둠을 잃고
동이 틀 무렵이 되어서야
우리는 자리에서 일어났지
잔은 테이블에 놓아둔 채
너는 너의 길로
나는 나의 길로 돌아갔지

그때는 그럴 수밖에 없었지
그러고는 서로 소식 모른 채
10년 또 10년 세월이 흘렀지
보이지도 않고 소리도 없는 세월이
잔에 넘치던 거품처럼
어디론가 사라져버렸지

생맥주집은 아직도
그 자리에 있으리라
어딘지 기억에도 없지만…
우리 테이블도 잔도 있으리라
너와 내가 없을 뿐이지
수십 년 후에도 그러하리라
하지만 새로운 젊은 세대가
맥주 잔에 여전히 사랑을 나누리라

세월은 쉴 새 없이 흘러가리라
네가 남긴 웃음소리, 미소, 시선…
추억은 모두 불타버린 재가 되어
바람에 날아가 버리고
네 이름도 내 이름도
모두 증발해서 사라지리라

하지만 우리가
한 때 거기서 생맥주를 즐기며 담소했던
그 사실만은 남으리라
우리가 이승에 머물러 있는 한
어찌 잊을 수가 있겠는가?

오래 묵은 갈증은 사라지고
새로운 갈증은 더욱 심해지는 것,
셀 라 비! 그게 인생이다!

사람들이 영원하라고 하면서
애타게 추구하는 사랑이라는 것도
결국은 갈증이리라
덧없는 갈증…
무한하기에 더욱 애처로운 갈증…

2023. 7. 30.

우리 시간은 오로지 오늘 뿐이다

지나간 세월은
불러올 수도 없고
우리가 돌아갈 수도 없는 것
희미해지기만 하는 추억 속에만
남아 있는 메아리 같은 것
이미 우리에게서 아주 멀어졌으니
우리 시간도 이미 아니다

아쉽기야 하지만
마냥 아쉬워 하며 앉아 있어야
부질없기만 하다
그러는 사이에도 소중한 현재 시간이
끊임없이 흘러가 버리고 말 뿐이다

그러므로 오늘을 잡아라!
Carpe diem!

우리가 사용할 수 있는 시간이란

단 한번
오로지 오늘밖에는 없으니까
어제는 이미 지나갔고
내일은 아직 오지 않은 것

오늘 만나는 사람, 만날 수 있는 사람,
그게 일생에 단 한번일지도 모르니
모두 소중한 만남이리라
좋은 일만 해도 오늘 시간이 모자랄 텐데
나쁜 짓, 거짓말, 남을 괴롭히는 짓에
던질 시간이 어디 있나?
그런 시간이야말로
참으로 헛된 시간 아닌가!

그래도 무수한 사람들이
그런 짓에 열심히 몰두한 채
희희낙락하고 있으니
참으로 한가로운 인생이다
낭비할 인생이 그리도 넉넉하다니!

2023. 8. 2.

생긴대로 살아라!

지극히 당연하지만
그게 꼭 최상책일까?

비너스 같은 절세미인이
거리를 활보한다면
누구나 한번쯤 다시 쳐다볼 것이다
하지만 그런 미인이 수백 수천이라면
아무도 다시 보지는 않을 것이다
지극히 당연한 일이다
많으면 천하게 된다

여자가 현재보다
더 예뻐지려고 하는 것은 지극히 당연하다
하지만 자기 혼자만 예뻐지고
다른 사람은 못하게 막을 수는 없다

미용 경쟁이 치열해지고
돈버는 놈은 따로 있다

결국 길거리에 비너스가 넘친다

원래 비너스는
고대 그리스에 흔하던 어촌출신이다
그래서 바다에서 태어났다고 한다
바다에서 태어나는 사람이 없겠지만
신화는 그렇다
그러니까
어부의 딸이라는 의미다
고대 그리스의 어부의 딸이라 해서
모두 절세미인이었을 리는 만무하니
아마도 그중에 뛰어난 미인이
떠돌이 영웅과 눈이 맞아 나중에
왕비가 되었으리라
비너스의 탄생, 알고 보면
그저 그렇다
시골여자가 왕비가 되었다 이거다
신데렐라 스토리다
그것은 역사상 수없이 반복된다
지금도 재벌가를 휘어잡는 여자들이 있다

모든 여자의 소원이 비너스가 되는 것이라면,
남자들이 비너스와 살기를 바란다면,

해결책은 간단하다
비너스 AI를 휴대폰처럼 수천만 수억 개
대량생산해서 싸게 공급하는 것이다

하지만 거기서 문제가 시작될 것이다
정신병이 생긴다
불량품 AI의 짜증, 신경질, 잔소리, 질투에
진저리를 치는 정신병이 유행하면
정신병원을 많이 지어야 하는데
특효약이 없으니 속수무책이다
결국 평범한 자연산 여자들을 동원하는 수밖에 없다

도루묵이다
모든 여자가 비너스가 되는 것도 재앙이고
모든 남자가 미남이 되는 것도 재앙이다

결론은
생긴대로 살아라
그게 최고다!

2023. 8. 2.

남도 나 자신도, 모든 죄를 용서하자

나라 전체가 가난할 때
가난하게 산 것은 죄가 아니다
가난한 집안에 태어나
맨발로 뛰고
맨손으로 열심히 일하여
겨우 겨우 먹고 살아온 지난 날도
결코 죄는 아니다

하지만 자기가 남들보다 잘났다고
믿고 당당하게 처신한 오기,
남들을 무시하고
떳떳하게 살아왔다고
믿은 지나친 자부심,
그것은 죄다
사실 자기가 남들보다 잘난 것도 아니고
떳떳하지 못한 일도 적지는 않으니…

사람들이 모여 사는 이승에서

잘못이든 죄든 모두 인간적인 것,
뉘우치는 것 역시 인간적인 것,
하지만 용서는 신적인 것,
신성한 것이다

남들의 잘못, 죄 모두 용서하자
세상에 용서 못할 죄는 없다
나 자신도 용서하자

나이 80이면 인생의 마루턱이다
바야흐로 이승에서 저승으로 넘어갈 길목,
풍진세상에서 신의 품으로 들어가기 직전,

용서하라!
모든 것을 용서하라!
자신도 포함 남도 모두 용서하라!
그래야만 네 영혼이 깨끗해진다
용서하지 않으면
영혼에 때가 남는다

지난 날은 돌이킬 수도 없고
반복할 수도 없다
다만 용서만이 그 상처를 치유하는 길이다

지상에서 우리가 할 수 있는
마지막 선행은
용서하는 것뿐이다
용서하지 못할 죄란
사람 사이에 있을 수도 없으니…

자기 자신을 용서하지 않는다면
그것은 자기 죄를 인정하지 않는 것,
진심으로 뉘우치지도 않는 것이니,
바로 그것이 가장 큰 죄다
용서하라
자기 자신도 용서하라
모든 잘못, 모든 죄를 용서하라
그래야만 깨끗한 영혼으로
신의 품안에 들어갈 수 있으리라

2023. 8. 3.

비겁한 자, 비열한 자, 용감한 자

세상이 아무리 약육강식이라 해도
자기보다 약한 자를
때리거나 괴롭히거나 학대, 고문, 살해하는 것은
강자의 특권은커녕 비겁한 짓을 뿐이다
상대가 사람이든 짐승이든 마찬가지다

더욱이 상대가 무방비 상태거나
대항할 힘이 전혀 없는 경우라면
그건 비열한 짓이다

백만 대군을 몰아 인해전술로 십만의 적을
제압하고 자기도 수십만이 희생된다면
그것은 승리는커녕 그냥 살육, 도살일 뿐이다
육이오 때 중공군처럼…

정전협정을 체결해놓고
승전기념일이라 한다면,
전사자 명단의 명칭을 생존자 명단이라고 바꾼다 해서

죽은 병사들이 살아나기라도 하는가?
자기 눈을 감으면
낮이 밤으로 변하는가?

전투에서 승리란
세력이 대등하거나 자기보다 우세한 적을
격파했을 때 비로소 얻는 것이니
자부심과 쾌감은 당연한 보상이리라

하지만 명분도 없는 침략을
해방전쟁이라고 말장난이나 하면
역사가 호락호락 거꾸로 가주는가?

독재자나 조폭두목이나
호위병이 있을 때는 거들먹거려도
원래는 비겁한 자들이다
자기보다 약한 자만 짓밟고 설치니까
게다가 그들은 비열하기도 하다

진짜 용감한 자는
정의를 위해서는 목숨도 기꺼이 바친다
세상에 매우 희귀하다
어쩌면 백년에 한 명 있을까 말까…

2023. 8. 4.

인류 역사는 밤하늘이다

인류 역사는 밤하늘이다
무수한 별이 반짝이는 밤하늘
어쩌다가 찬란한 혜성이 가로지르긴 해도
대개는 한순간 반짝하고 사라지는 별똥별 유성이다
너도 그렇고 나 역시 그러하다
우리는 한순간 반짝하다가 사라지는 유성이다

하지만 저승에도 밤하늘은 있으리라
이승의 유성은 오히려 북극성이 되고
이승에서 혜성으로 찬란하던 것은
한낱 별똥별에 불과하리라

인류 역사는 인생무대 위 한 토막 연극이다
수십억 년 선사시대는 무언극이고
유사 이래 일만 년은 전쟁과 살육의 블랙 코미디이다
관객은 저승에 먼저 간 사람들
그리고 천사들과 악마들이리라
이승의 연극이 끝나면

무대 감독이 평가하겠지만,
주연인지 조연인지 엑스트라인지
따지지 않는다
배우는 다 똑같이 배우일 뿐이다
의상도 연기도 인기도 따질 거 없다
그게 그거다 어차피 각자 자기 것이 아니니
오로지 따지는 것은 배우의 성실성,
최선을 다 했는지 여부뿐이다

2023. 8. 5.

생사의 갈림길, 선택은 자유다

죽는 것은 어렵지 않다
그것은 모든 생물이 수행하는 의무다
출생이 모든 생물에게 골고루 부여된 특혜, 행운이듯이

온몸에 힘이 빠지면 죽는다
숨이 끊어지면 심장도 정지하고 죽는다
생물이란 다 자연히 그렇게 된다 그 뿐이다

세상만사
네가 흥미를 잃으면
너는 죽은 것이다
세상만사도 너에게 흥미를 잃고 잊어버리면
너는 살아도 죽은 것이다
네가 사랑할 사람이 하나도 없을 때
너를 사랑하는 사람도 하나도 없을 때
너는 이미 저승사람이다

죽는 것은 특별한 것도 아니다

누구나 다 한번 겪는 일이니
특별할 것도 전혀 없는 것이다
하지만 산다는 것은 특별하다
네가 살기 때문이다
더욱이 보람 있게 산다는 것은
매우 특별하다
특히 사람답게 산다는 것은
참으로 특별하다

세상을 비관, 이승을 떠나기로 작정했다면
마음대로 하라
말려봤자 소용도 없으리라…
누가 24시간 너를 감시하고
보호해줄 수가 있겠는가?

하지만 이승 도피는 비겁한 짓이다
용기가 있다면 살아 남아라
어차피 언젠가는 떠날 바에야
서둘러 미리 갈 건 없다
끝까지 살아 남아
선행을 하나라도 더 하는 것이
진짜 용기, 진정한 지혜가 아닌가!

거짓말, 나쁜 짓 따위는
얼빠진 자들에게 맡겨라
어차피 그것은 그들의 길,
살아도 죽는 길
영원히 죽는 길이니
내버려두고
너는 네 길을 가라
두리번거리고 망설일 시간도 없다

영원한 밤길을 떠나기 전에
선행의 기회가 아직도 남은 것은
참으로 다행이다
기회가 남아있는 동안
오로지 선행에만
재능, 재력, 시간도 정력도 총동원하라
그것만이 네가 진짜로 사람답게
사는 길, 죽어도 사는 길,
영원히 사는 길이다

생사의 갈림길인데,
그것도 영원한 갈림길인데,
기회가 묘하게도 단 한번 뿐이다
지금 여기서

단 한번 밖에는 없다
어느 쪽이든 자유다
선택은 네 자유다

구원은 억지로 주어지지 않으니
결코 강요할 수도 없는 것이니…

2023. 8. 11.

생로병사는 선택이 아니다

생로병사는
선택이 아니다
피할 수도 없다
그래서
운명이라 한다

태어난다는 것
언제 어디서,
어떤 부모 밑에서…
선택이 아니다
왜 태어나는지도 모른다

한참 세월이 지나
철들고 보니
세상에 내가 있는 것이다
그뿐이다
그뿐이다

그 다음은 휙휙 지나가버리는
인생의 각 단계들이다
유년기, 소년기, 청년기
장년기 그리고 노년기…

지나간 세월은 흔적도 없다
사진과 날로 희미해지는 추억 뿐이다

하지만 아직 선택의 자유는 있다
어떤 사람이 될 것인가?
어떻게 살아갈 것인가?
어떻게 죽을 것인가,?
이것만은 각자의 선택이다

선행을 부지런히 하며
착하게 정직하게 살 수도 있고
거짓말을 일삼고 가짜뉴스나
퍼뜨리며 살 수도 있다
남을 돕는 보람에 살 수도 있고
자기 이익만 챙기며 남을 해칠 수도 있다
열심히 노력할 수도 있고
남의 등이나 치고 불로소득 할 수도 있다
어느 쪽이든 각자의 자유,

각자의 선택이다

어떻게 죽을 것인가?
이것은 가장 심각한 문제다
공수래공수거…
허허 웃으며 떠날 수도 있고
이승에 남기는 재산이 너무 많아
차마 편안히 눈을 못 감을 수도 있다
이런 경우, 재산은 재앙이다
명성? 인기? 칭호?
그런 것들은 눈감는 순간에
모두 자동적으로 무효다
은행통장, 신용카드, 등기부등본 따위도
모두 자동적으로 무효다

그래도 저승에 가지고 갈 것은 있다
그것은 평소의 삶 그 사실 자체,
그리고 남에게 베푼 자선, 선행 등이다
그뿐이다
그것도 눈감기 전에 한 것
이승에서 기회는 단 한번 뿐이다

2023. 8. 18.

우물 안 개구리들과 산불

전대미문의 가뭄이 여러 달 이어지더니
드디어 사방에서 산불이 일어났다
우물 안 개구리들은 평화를 노래하며
산불을 조금도 무서워하지 않았다
우물에 물이 많으니 자기들은 안전하다고
날마다 개골개골 즐겁게 합창

하지만 그게 아니올시다
산불이 우물 곁에 닥치자
불타는 나뭇가지들과 나무기둥이
우물 안으로 쏟아져 내렸다
산불에 이어 엄청난 폭우가 쏟아져
대홍수가 났다
둑이 헐린 저수지는 무용지물
우물도 물이 차고 넘쳤다
개구리들은 물에 밀려 길바닥으로 쫓겨났다
다시 긴 가뭄
개구리들은 아스팔트 위에서 말라 죽었다

그 전에 대부분은 이미 아사했다
왕개구리는 박제되어
표본실에 전시되고
졸개 개구리들은 새들의 먹이가 되고
그렇게 개구리 나라는 끝장을 보았다
교토삼굴도 준비 안 했으니
도망칠 데도 없었던 것은 사필귀정이다

개딸들이 재건한답시고 나섰다
산책 나온 아이가
개딸이 뭐냐고 묻자
지나가던 농부가 한마디 대꾸했다
그거 개망나니 여자들이야 화냥년들이지
또는 개망신을 취미로 즐기는 자식들이든가…
어쨌든 미친 것들이지
암, 미친 것들이고말고!

아이가 대꾸했다
미치려면 혼자 곱게 미치지
왜 남들까지 끌고 들어가려고 악다구니 쳐요?
농부가 대꾸했다
그러게나 말이다
지옥에 가려면 혼자 조용히 가면 누가 뭐라겠어?

다 같이 죽자고 덤비니까 문제인 게지
아이가 대꾸했다
ㅎㅎㅎㅎ
진짜로 미쳤군요! 진짜로!

그래 대책이 없어
천치와 미친놈이란
죽어야 끝이 나는 법이니…

2023. 8. 19.

다이아몬드에 눈먼 왕비의 추태(우화)

아프리카 콩고의 밀림지대에
세계 최대의 다이아몬드 광산이 있다
왕비가 광부들 위문 명목으로 시찰했다
그런데 광산을 떠날 때 문제가 생겼다
떠날 때는 누구나 알몸 검사를 받아야 한다는
그곳 군사령관의 엄명이 있었기 때문이다
왕비는 예외로 봐주자는 비서에게
사령관이 호통을 쳤다
왕은 본국에서나 왕이고
여기서는 내 말이 곧 법이다!

결국 왕비도 알몸 수색을 받았다
여군 검사관이 고무장갑을 끼고
여왕 음부에 손가락을 찔러 넣고 휘저을 때
뭔가 걸렸다
콘돔이 딸려 나왔다
그리고 콘돔 끝에는 자두만 한 원광석이
담배 은박지에 싸인 채 들어 있었다

어, 그게 어떻게 여왕의 음부 깊숙이 들어 갔을까?
모두 궁금해졌다
해답은 간단하다
다이아몬드에 눈먼 왕비의 탐욕과
광부의 본능 두 가지가 의기투합,
즉 야합하면 뭐를 못하겠는가?
광부는 담배 한 갑에 원광석을 넘기고
왕비는 잠시 눈 딱 감고 다리를 벌린 것이다

사령관은 광석을 압수하지 않고 그냥 왕비에게 주었다
멀리 내다본 것이다
그 후 그는 총사령관으로 승진했고
쿠데타로 다음 국왕이 되었으며
왕비는 그의 후궁이 되었다
왕비가 쓴 관 한가운데는
세계 최대의 다이아몬드가 박혀 있었다

밀림의 광부에서 국왕에 이르기까지
모든 사람이 해피?
ㅎㅎㅎㅎ
그럴 수도 있지만…
사실은 그게 아니올시다…
광부는 허풍을 떨다가 들통이 나서

쥐도 새도 모르게 처형되고
왕비는 비밀이 발목 잡혀
독재자 신임 국왕의 노예 신세가 되었다

또는 이런 풍설도 있다
나중에 왕비가 광부를 몰래 빼돌려
자기의 심복 겸 정부로 삼았다
그리고 그를 시켜서
국왕이 된 사령관을 암살하고
자기가 국왕 자리에 앉았다
ㅎㅎㅎㅎ 이건 어디까지나
항간에 떠도는 썰이다
ㅎㅎㅎㅎ
그러니 아마도 가짜 뉴스일 것이다

어쨌든
사람 팔자란 사실대로 보자면
돌고 도는 요지경이다
그뿐이다 ㅎㅎㅎㅎ

2023. 8. 20.

어떤 사람은…

어떤 사람은 웃음을 날마다 선물하다가 갔다
아마도 저승에서 웃음보따리 백배 천배 받으리라…
어떤 사람은 눈물을 선물하다가 갔으니
아마도 눈물의 바다에 빠지리라…
어떤 사람은 남을 위로하다가 갔으니
영원히 위로를 받으리라…
어떤 사람은 고통만 주고 떠났으니
자기보다 더 모진 자를 만나
영원히 함께 살리라…

이승에서 무엇을 하든
각자 자유지만
그 결과는 자유이기는커녕
무조건 받아야만 하리라…
인과응보라는 것이 있어야 공평하니…

2023. 8. 21.

자선, 선행… 한가로운 소리일 뿐일까?

자선, 선행…
한가로운 소리일 뿐일까?
먹고살기도 바빠 죽겠는데
그런 거 신경 쓸 시간이 어디 있나?

저승에 갈 때
정말 빈손으로 간다면,
지하의 벌레들 잔칫상이나
푸짐하게 만들어줄 바에야
뭣 때문에 뼈 빠지게 일해서
먹고사는가?

고급 삼겹살 제공하려고
줄기차게 먹어대는 흑돼지나
질 좋은 등심, 안심 제공하려고 하루 종일
풀을 씹는 황소보다 사람이
뭐가 낫다고 하는가?

자선, 선행…
사람이니까 베푸는 것이고
오로지 사람만이, 그것도 이승에서만,
베풀 수가 있는 것인데
그걸 한가한 소리라 치고 외면하는가?

그래도 되는가?
그래도 된다면
이승이고 자시고, 저승이고 나발이고
따질 것도 없다
돼지나 소나
사람보다 못할 게 없으니까
그게 그거니…

하지만 그게 아니올시다!
사람으로 태어나
사람답게 살다가
사람답게 가는 길은
바로 남에게 베푸는
자선, 선행이 아닌가?
그것만이 보람 있는 길 아닌가?

2023. 8. 21.

전세사기의 공범들은 국회에 있다!

전세사기의 범인들은
허약한 민초의 피눈물로
자기 배를 채우는 거머리다
주범은 왕거머리, 황제 거머리다
더 고약한 자들은 국회에 있다
국회의석의 과반수를 차지한
정당의 국회의원들이
사기를 원천적으로 예방하는 법,
거머리들을 진짜로 없애버리는 법을
적시에 제정하지 않고 꿈지럭거리기만 하는 것은
사기를 방치, 비호, 조장하는 공범행위 아닌가?
그런 주제에 불체포특권이나 운운하니
더욱 가증스럽지 아니한가?

그들은 강남에 수십억짜리
아파트가 있으니
당장 급할 게 하나도 없으리라…
뭐든지 다 남의 일이리라…

유체이탈 전문가들!
오라질 것들
내로남불의 화신들!
천벌 받아 마땅한 것들
그런 자들에게 올바른 법을 기대하는
민초들의 허망한 세월이여!
물론 자업자득이긴 해도
팔자가 더러운 것도 사실은 사실이다

전세제도가 있는 한 사기는 계속될 것이다
범인은 모조리 사형… 어떨까?
전세를 빨리 월세로 전환하든가…

근본적 대책이 왜 없나?
모르는가? 그건 무능이다
공직자는 무능이 바로 범죄다
알고도 안 하는가? 그것도 범죄다
무능보다 더 악랄하고 비열한 것…

어쨌든 전세사기는 중대범죄다
살인죄에 못지 않다
무수한 사람들을 두고두고 장기간 괴롭히니

오히려 더 악질적 범죄다
피해자들이 한둘도 아니고
그들의 삶은 너무나도 애처롭다
나라꼴이 어쩌다가 이 지경까지 되었나?
한탄한다고 개선이나 해결될 리도 없으니
피해자들만 정말 원통하고 죽을 맛이다

내로남불 족속은
오늘도 포도주에 샴페인에 떵까떵까
흥겹게 놀겠지만
구석에서 피눈물 흘리는 가족들을 보라!
어쩌란 말이냐?
정말 어쩌란 말이냐?

2023. 8. 22.

사족 : 부동산 거래 때 소유주의 신용상황은 당연히 공개해야 한다. 특히 계약 상대방에게는 공개해야 사기 피해를 예방할 수 있다. 개인사생활보호의 대상이 될 수 없다. 그걸 공개 금지하는 것은 사기범죄 조장이다.

노부부의 사랑

90대 노부부가
사막 한가운데 국립공원에 갔다
최고 서부 영화의 최고 명장면
그 현장을 보려고…
그런데 그날따라 공교롭게도
짙은 안개가 끼어
아무것도 못 보고 돌아왔다

하지만 그들 일생에서
최고로 행복한 하루였다
유일한 기념 사진은
둘이 팔짱 끼고 버스에서 찍은 셀카…
거기도 안개만 가득했지만
그들은 신의 최고 관광 상품을 발견했다
그것은 사람이었다
그것도 그냥 무수한 사람 가운데
하나가 아니라 사랑하는 사람,
십년이 지나도 여전히 가슴 속에서

사랑의 모닥불이 타고 있는 사람이었다

2023. 8. 22.

세월 앞에는 장사 없다

세계 최고의 전파 현미경으로도
볼 수 없는 세월,
분명히 오고
또 쉴 새 없이 간다

사람들이 보지 못할 뿐,
아니, 못 본 척할 뿐이다

세월 앞에는 장사 없다
20대에 천하 장사도
90대에는 휠체어 신세다
그 다음에는 누워서 백년…
그 다음에는 가루되어 백년…

천년 왕국?
천년도 순식간이다
눈 한번 깜박하면 지나간다
인류 역사 수백만 년…

우주 역사 수백억년…
그것도 영원무궁에 비하면
순식간이다

세월 앞에 장사가 있다면,
그것은 세월 자체를 만든,
아니 세월을 초월한
그분 뿐이다

                                    2023. 8. 23.

기호지세에는 공수래공수거 뿐이다

호랑이를 타고 달리면
거칠 것이 없지만
도중에 내릴 수도 없다
결국엔 호랑이 밥일 뿐이다

권력은 원래 호랑이다
그 철퇴에 맞아 무수히 죽지만
철퇴를 한 때 신나게 휘두르는 자도
결국은 호랑이 밥일 뿐이다

세상에 가장 무서운 호랑이는
세월이다
제 아무리 절세미녀 비너스인들,
천하제일 장사 헤라클레스인들,
세월 앞에는
지푸라기 인형이나 다름이 없다
심지어 올림포스 산의 신들조차
신화에 이름이나 남겼지

이제는 생사조차 알 길이 없다

사람은 누구나
태어날 때부터 세월을 타고 달린다
한창 젊을 때는
온 세상 신나게 달리지만
결국 세월이 무서운 호랑이라고
깨달으면 이미 끝이 보인다

기호지세란
어차피 누구나 똑같은 운명이다
겁 낼 것도 없다
한탄할 것도 없다

공수래공수거
간단하다
대책은 그뿐이다
달리 무슨 수가 있겠는가?

2023. 8. 25.

천년제국 왕궁터

천년제국 왕궁터
주춧돌 몇 개에 잡초 뿐이다
돌기둥 몇 개 서 있고…

황제들, 대신들이든
미녀들이든
모두 어디로 갔는가?
요리 한 접시 보이지 않고
풍악소리도 들리지 않는다

아이스크림 가게 앞에 모인
아이들 깔깔대는 소리
웃음소리만 삶을 증언한다
재즈, 팝송 가락만 요란하다

밤이 되면
그마저 잠잠해진다
다시금 천년이 흐른다

천연 후에는
뭐가 달라질 것인가?

어디선가 제국이 또 건설된다
무수한 사람이
황제, 대신 자리를 차지하려고
생사 게임을 벌인다
이긴들 진들
아무런 차이도 없지만,
그들은 천양지차라고 믿고
생사의 혈투를 계속한다
그게 그들이 즐기는 오락이다
그뿐이다

2023. 8. 25.

썩은 정치인들이 다 죽어야 나라가 산다

거짓말, 내로남불, 서류위조, 컴퓨터 조작…
무엇이 옳고 그르고 따지지도 않고
무엇이 이익인지 헤아리지도 않고
세금 도둑질, 월급 도둑질의 전문가들,
썩은 정치인들이 다 죽어야
나라가 산다

조선시대의 4색 당파가
사라지듯이
썩은 정치인들도, 지금의 정당들도
곧 사라지리라
문제는 그때까지 피해가 막심하다는 것
적자 쌓인 것을
젊은 세대가 감당이 가능한가?
어쩌면 국가 부도일런지…
그런 것이 문제인 것이다

간, 쓸개는 물론이고 뇌도 양심도 없는

꼭두각시 정치인들이
무조건 서로 반대나 할 바에야
정당에 대한 국고보조금은 철폐가 마땅하다
국회의원, 지방의회의원 등도
모두 무보수가 원칙이다
명예직으로 해야만 돈봉투도 사라지고
정치판이 깨끗해 지리라

보스가 어떤 잡놈인지 사기꾼인지
살펴보지도 않고 무조건 지지한다면
그건 민주주의는커녕,
나치나 공산당 독재나 나치 식 아닌가?

그런 주제에
무슨 인권을 주장하는가?
자기 편만 사람이라고 주장하는 것이
어떻게 인권인가?

자기 편만 옳다고 외치는 게
어떻게 정의인가?
내로남불이 어떻게 미덕인가?
가짜 뉴스가 어떻게 진실인가?
서류위조, 가짜증서가 어떻게 자식사랑인가?

돈봉투 살포가 어떻게 공정한 선거인가?
방탄국회가 어떻게 입법행위인가?
법에 대한 공권력 행사가 폭력이라면
군대의 침략격퇴는 전쟁범죄인가?

여당이든 야당이든
도대체 어느 나라 정당인가?
썩었든 안 썩었든
이왕 정치판에 나왔으면
어느 나라의 정치를 하겠다는 건가?
정권이 그렇게도 탐나면
나라는 일단 제대로 굴러가게 만들어야
정권을 잡아도 쓸모가 있지
나라가 쪼그라 들고 망하면
정권은 잡아서 뭐하나?

한마디로
썩은 정치인들이 모두 죽어야
나라가 산다
그들이 빨리 죽게 만드는 길은
월급도 수당도 보조금도
모조리 없애는 것뿐이다
법 개정 제정이라 안 될 테니

국민이 납세거부 운동을 일으키면 된다
납세 거부다!
한둘이 하면 차압 압류도 가능하나
수십만이 하면 국세청도 속수무책이다

그러면 국회의원들이
일주일 만에 모두 백기를 들고
가두데모를 하리라…

살려달라고
ㅎㅎㅎㅎㅎ
그래도 납세거부는 계속한다?
물론이다
월급, 수당, 보조금 폐지 특별법이
제정될 때까지
전국에서 납세 거부!

2023. 8. 27.

자, 떠날 때가 다가온다

출발 준비 완료?
어차피 우리가 영주할 곳은 여기가 아니다
그게 가능하지도 않다
어차피 시작된 긴 여행
끝까지 가 보기는 하겠지만
여기는 경유지의 호텔 같은 곳
잠시 머물다가 떠나야 한다

자, 떠날 시간이 임박했다
출발준비 완료?

인류의 삶은 하늘이 무너져도 이어지는 것
오늘도 끊임없이 계속되는 것
전 세계 무수한
공항 항구 열차 역, 버스 터미널…
출발하고 도착한 수십억 여객들,
그들의 희로애락, 생로병사는
네가 알 바 아니다

너의 희로애락도 생로병사도
그들이 알 바가 아니다
각자 나름대로 꿈을 꾸다가 각자 떠난다
그 뿐이다…

지금 이 세상 모든 것
아니, 이승 자체와 작별할 때가 온다
너는 그 순간 이후만 생각하라
나머지는 모두 꿈 속의 꿈이다

2023. 8. 27.

사형제도에 찬성한다

나는 이 시 때문에 언젠가는
욕을 바가지로 먹고
매도될 수도 있다는 것을 안다
알면서도 이 시를 쓰는 것은
어차피 시인으로 살다가 끝장을 볼 바에야
솔직하게 정직하게 할 말은 해야겠다고
생각하기 때문이다

시인은 시로 말한다
그래야만 시인이다

침묵 또는 수서양단 식의 애매한 태도는
비겁하다
인간은 나약하니까 비겁한 사람은
용서받을 수도 있다
하지만 비겁한 시인은 용서받을 수 없다
그는 시인도 사람도 아니니까

철근이 빠진 콘크리트 건물이 무너지는 건
시간문제다
사형제도는 정의의 철근이다
범인들이 사형판결을 우습게 보고
사람들이 재판을 깔본다면
법은 이미 죽었다
법이 죽고 나면 폭력이 왕이다
사회질서고 정의고 나발이고 얘기할 것도 없다
재산, 자유, 인권?
폭력 앞에 그게 무슨 잠꼬대냐?

범인에게도 인권은 있다?
좋다
그러면 태어나 무차별 폭력으로 살해된
피해자와 그 유족은 인권이 없는가?
범인은 인도주의를 파괴했는데
그에게 인도주의를 적용하라는 것은 무슨 말인가?
피해자와 그 유족들에게는 적용할 인도주의가 없는가?
범인의 폭력이 어른과 아이의 목숨을 여전히
위협하고 있는데도 마냥 내버려두라는 말인가?
그러면 누가 안전한가?

생명은 신성하다?

그래서 사형은 사법살인이다?
테러, 폭력을 휘두른 자의 생명만 신성한가?
피해자의 생명은 뭔가?
너와 나, 우리 생명은 누가
어떻게 보호해 주는가?
아니, 어떻게 보호하겠다는 것인가?

사회란 언제나 불완전하고 위험이
사방에 도사리고 있다
사람 자체가 불완전하고 잡다한 사람이
모인 게 사회니까
사형제도가 있든 없든 큰 차이는 없을 것이다
사형이 폐지되어 안전한 사회라면
난들 왜 찬성하지 않겠는가?
하지만 사형제도는 정의의 철근이다
철근이 빠지면 법도 흐물흐물해진다
그래서 제도를 유지, 확립할 필요가 있다
말하자면 필요악이다
사회질서 유지에 필요할 일종의 체벌이다
물론 극도로 혹심한 극약처방이다
극악범죄에는 극약처방 이외에
좋은 방법이 뭐가 있는가?
악인을 선하게 만드는 백신이 나온다면

얼마나 좋을까…
백년이 걸려도 누군가 개발 안 하나?
거꾸로 마약 따위나 제조하지 말고…

2023. 9. 1.

더위도 더위 나름이다

더위라고 다 같지는 않으리라
찜통 더위도 있고
그 보다 더 심한 열탕 더위도 있지
또 후라이팬 위에서 볶아지는 더위도 있다
숯불 위 석쇠구이 더위…
용암에 떠내려가는 깡통 속 더위…
가스 불 위의 더위
전자레지 속 더위, 아이고!
가장 극심한 것은 아마도
원자로 더위이리라, 맙소사!

각종 더위 두루 겪으며
수십여 년 땀 흘리다 보니
한 평생이 훌쩍 가버리고
이제는 숨 돌릴 만할 때인데

정신 나간 오사리 잡놈 잡년들
헛소리 대회 탓에

날이면 날마다
대낮에도 핏빛 진흙 비가 쏟아지니
추석 날에도 맑고 푸른 하늘
보기도 쉽지가 않다는구나!

오, 에어컨 따위 없이
부채 하나로 한여름 지냈어도,
차라리 찜통 더위에 허덕일 때
그때가 더 행복했다고
굳이 말을 해야 할까?

아, 이놈의 집 구석,
어쩌다가 모진 놈들 만나 이토록 망가졌나?
아, 이놈의 팔자,
어찌하여 이 지경까지 몰리고 말았나?

허허허허… 그거야
자업자득 아닌가?
유비무환을 제 발로 걷어찬 게
누군데?

만시지탄이나마 하는 걸 보면
아직 살아 있기는 하는군…

지금부터라도 잘해봐라
마지막 노력 끝에 혹시 행운이…

                                            2023. 9. 2.

허망보다는 신앙이 더 낫다

저승에는 유토피아가 있으리라 믿는 것은 신앙이다
그런데 막상 가보니 유토피아는커녕
캄캄한 허공 뿐이라서 깊이 실망한다면…
보람이 없는 것일까?

죽음으로 모든 것이 끝나고
저승에는 허무뿐이라고 믿는 것은 허망이다
그리고 막상 가보니 진짜 허무뿐이라면…
만족할까?

저승에 유토피아가 있든 허무뿐이든 상관 없다
어쨌든 허망보다는 신앙이 더 낫다
신앙이 있을 때는 적어도 이승에서는
기대를 품고 행복을 느끼며
자선과 선행에 노력하여 보람 있게 살 수가 있었으니까
또한
착하게 살고 자선과 선행을 베풀려고
힘껏 노력은 했으니까

그게 허망과 차이가 나는 점이다
저승에 뭐가 있든 없든
그것은 인간의 능력 밖의 일이라서
어차피 속수무책이니
그냥 수긍해야 하는 것 아닌가?

한 마디로
희망을 품었다가 만족하는 것보다는
신앙을 품었다가 실망하는 것이
더 인간적이고 더 낫다
적어도 그의 이승은 보람차게
살수가 있었으니까

유토피아의 보상 여부는 그 다음 문제다
있으면 그보다 좋을 수도 없으련만
없으면 그냥 없는 것이니 속수무책이라서
달리 별 수도 없지 않은가?

2023. 9. 2.

걸레도 걸레 나름이다

걸레질을 한다
더러운 데를 깨끗이 닦으려고
그런데 걸레가 워낙 더러워서
검은 땟물만 흘린다
오히려 더 더럽게 만든다
그런 건 걸레도 아니다
오물이다
폐기처분이 마땅하다

잘못된 것을 바로잡는 게
정치인 줄 알았더니
건드리기만 하면
멀쩡한 것도 망친다
그런 건 정치도 아니다
오물이다
폐기처분이 마땅하다

정치인이란 어차피

사회의 걸레다
자기부터 깨끗하지 못하면
아예 나서지도 말아야지
공연히 청소한다고 설치다가는
자타가 크게 다치기만 한다

걸레가
자기가 걸레인 줄도 모른다면
그건 걸레도 아니다
쓰레기다
내다 버려야 마땅하다

정치인이
정치가 뭔지도 모른다면
그건 사람도 아니다
식충이다
백해무익한 밥벌레
하루 빨리 제거되어야만
자타가 편안하다

2023. 9. 3.

저승에서 그들은 후회나 할까?

생전에 그들이 큰소리 탕탕 치고
채찍도 마구 휘두르며
많은 학생 괴롭히는 걸
우리는 날마다 보았지
수십 년 뒤에는
수의 입고
관에 누워
꼼짝달싹 못하는 마지막 모습도
우리는 보았지
결국 검은 영구차에 실려 가는
한 덩어리 화물일 뿐이었지

화장하면
유골 항아리 속
한 줌 가루밖에 더 되나?

하지만 불멸의 영혼이 있는 한,
저승에 가서

그들은 후회나 할까?

공연히 많은 사람 괴롭혔지…
어린 학생들 장래나 망치고…
헛수고야 말짱 헛수고…
백해무익한 짓이었어!
허허허허…

후회한다고 해서
그들에게 이로울 것도 없으리라
이미 망가진 학생들의 장래가
복구될 리도 없으리라
피해자들도 이제 나이 들어
저승 문 바로 앞에서 대기 중이니
이 모든 기억도 머지않아
깡그리 망각되고 말리라…

하지만
사실은 사실대로 남으리라
아까운 인재들이 자의든 타의든
도중에 탈락되고
성스러운 꿈이 깨지고
신앙마저 그 기초가 흔들리고

더 나은 미래가 무산된 그 사실은
지워지지 않으리라

물론 교훈을 받는
사람도 없으리라…
모두 가버렸으니…
모두 가 버릴 터이니…

       2023. 9. 4.

사족: 성신 중고등하교(소신학교)의 추억이다.
먹고살기도 힘든 그 시절, 모두 절대 빈곤에 허덕이던 그 시절에 신부가 되겠다고 입학한 소 신학교에서 신부들에게 매를 맞으며 공부한 그 시절도 있었다.
교장 유영도 신부(생전에 잘못을 시인하거나 사과한 적이 전무함), 교감 김정진 신부(훗날 스승의 날 행사 때 제자들에게 공개적으로 사과의 말을 한 적은 있음), 고 1, 2, 3학년 담임 정진석 신부(나중에 대주교, 추기경, 서울 대교구장 역임), 모두 이제는 저승으로 가고 없다.
우리도 곧 80대에 접어든다 저승에서 다시 만나면 반가울까? 아니면 멀리서 보고 서로 피할까? 아마도 우리가 먼저 피하겠지. 또 매 맞을까 두려워서… 하기야 저승에서는 매를 맞아도 아프진 않으리라. ㅎㅎㅎㅎ

파라오들의 미이라는 가짜 신이다

오천 년 전, 칠천 년 전
고대 이집트 왕국의 파라오들은
신의 후예, 아니, 살아있는 신이었다
산 사람들에게 빵은 무수히 나누어주었지만
생명을 주지는 못했다
수만 명도 말 한 마디로 죽일 수 있었지만
죽은 자는 단 한 명도 살리지 못했다
가짜 신이었으니까

그들은 지금 자기 안식처에서도 쫓겨나
박물관에 진열된 전리품,
마이라일 뿐, 그것도
새카맣게 쪼그라들어
보기에 별로 유쾌하지도 않은
구경거리일 뿐이다

한 때 그들은 무수한 백성 위에 신으로 군림했고
신전에서는 사제들이 그들에게 향을 피웠다

영생불멸을 기원하여
세운 피라미드는 무엇인가?
관광객들 사진의 배경이나 되는 쇼일 뿐
그들의 영원한 안식처도 될 수가 없었다
그들은 영생을 얻을 수만 있다면
왕국마저도 통째로 버렸을 것이다

가짜 신들은 원래
자기 신전조차 지키지 못하니까

오늘 날에도 무수한 파라오들이
끼리끼리 만든 왕국에서
무수한 지지자들의 박수갈채 속에
신처럼 군림한다
엄청난 액수의 돈이 흘러 다니고
거짓말, 가짜뉴스 위조, 조작 등 온갖 수단으로
달콤한 가상현실을 만들고 한 때는 속이지만
진실은 단 하나도 보여줄 수가 없다
어차피 그들도 가짜 신이니까

그들도 미이라로 남을 것이다
오천 년 후, 칠천 년 후

박물관에 진열된 채
자신의 거짓말, 가짜뉴스
위조, 조작 등을 자백할 것이다
전 세계의 관광객들 앞에서…

                              2023. 9. 5.

재채기는 우리 몸의 정당방위다

재채기를 한다
천만 대도시를 뒤흔드는 격진처럼
온 몸이 떨리고 숨도 멎을 듯…
하지만 그 재채기는 얼마나 고마운가?
몸의 어느 한 구석이 막혀있을 때
그것을 뚫어주려는 본능적 반사작용,
즉 정당방위다

재채기는 참을 수 없다
숨길 수도 없다

길고 긴 인생 여로에서는 대개
스쳐 지나가는 애틋한 인연이 있으리라
재채기 같은 인연,
희미한 추억만 남기고 지나간 얼굴… 이름…
때로는 그립기도 하지만
이미 지나간 것, 잊혀진 것은 어쩔 수 없다
한 때는 너무나도 절실해서

영혼마저 흔들리는 격진이었다 해도
막힌 데가 뚫리면
재채기도 그치게 마련인 것…

재채기가 아무리 시원한 것이라 해도
계속되면 고통일 뿐이다
맛있는 음식도
과식하면 병이 나듯이…

물도 과식하면 독약이 된다
꽃처럼 아름다운 사랑도
너무 빠지면 익사한다
꿈처럼 황홀한 인연도
정신을 잃으면 눈이 먼다

세상에 좋기만 한 건 없다
사람들이 좋다고 하는 것은
부작용이 속에 숨어 있기 때문에
그렇게 보일 뿐
겉과 속을 다 알고 나면
해롭지 않은 것도 없다
지나간 인연…
사실은 안타까울 것도 없다

어제는 어제고 내일은 내일이다
어제에만 너무 매달리면
오늘이 헛된 날이 된다
오늘에만 만족하면 내일은 뭔가?

모든 것은 변한다
너도 변하고 나도 변한다
오로지 이 사실만 변하지 않는다
그렇다
변화, 그 자체가 바로 역사고
또한 신의 뜻이다
따라서 인간은 누구나
변화 속에서만 성숙하고
변화 속에서만 깨닫고
또 변화 속에서만 구원을 받는다
변화를 모르는 것은
사람이 아니라 돌멩이다
돌멩이는 천년이 지나도 여전히 돌멩이지만
구원은 받지 못한다
변하지도 않고
변화 자체를 모르기 때문이다

이 무한하게 캄캄한 우주에서

가장 고귀한 존재는
변화 속에서만 살아 있는 인간 뿐이다
오로지 인간만이
구원의 대상이 되기 때문이다

신이 무수한 피조물 가운데
사랑하는 존재가 있다면
그것은 무수한 별이 아니라
바로 무수한 사람 뿐이리라
이승의 선행에 따라
그들을 구원하시고
더욱이 영생과 행복마저 베푸시니!

2023. 9. 6.

인품의 향기는 널리 퍼지리라
-요셉의원 선우원장을 추모하며

호랑이가 남기는 가죽은
제아무리 질기고 아름다운들
결국은 해지고 폐기되리라

하지만 사람이 착한이웃들에게 남기는
인품의 향기는 널리 퍼지리라
선행의 여운도
해를 거듭할수록 더욱 큰
파문을 계속 낳으리라

몸은 비록 영영 사라진다 해도,
이름도 희미해지고 결국에는 잊혀 진다 해도,
그의 깨끗한 영혼이 구원은 물론,
생명과 행복마저 영원히 누리고 있는 한, 그러하리라
정녕, 그러하리라

2023. 9. 6.

생로병사가 독감처럼 되면, 유토피아일까?

생로병사가 독감처럼 된다
슈퍼 부자들이 바라는 것이다
전 세계 의료기기 회사, 제약회사가
죽기 살기로 연구한다
목표는 떼돈이다
AI, 슈퍼 컴퓨터가 총동원되어
언젠가는 이루어지리라
골목마다 자동차 수리소처럼
인간 육체 수리점이 들어서고
정신 수리소도 개업하리라

만병통치 회춘 알약 알파337도
비타민처럼 슈퍼에서 팔리라
처음엔 엄청나게 비쌌지만, 대량생산으로
점차 싸져서 누구나 살 수 있게 되리라

그러면 세상은 곧 유토피아일까?

글쎄올시다… 다른 약처럼
알파337도 부작용이 있어
장기간 복용하면 우울증이 온다니…

그래서 그 약을 아예 피하고
차라리 생로병사를 자연스럽게 거치는
사람이 더 많아진다
장수 반대, 자연생, 자연사 운동이다

새로운 범죄도 생긴다
특정인의 사망신고를 막기 위해
납치해서 강제로 장기간 연명시키는
조폭이 등장한다
돈이면 안 되는 게 없어
돈을 위해서라면 누구나
못하는 짓이 없다
돈이 왕이다
아니, 돈이 신이다

선거는 돈 뿌리기 게임이고
매관매직은 너무나 당연하다
그런 절차도 번거로우면, 모든 공직을 경매에 부치고
전 국민의 세금을 면제한다

유전무죄, 무전유죄도 당연하니,
아무도 이의를 제기하지 않는다

이런 것도 유토피아인가?
생로병사의 질서란
필요하고 또 유익하니까
태초에 신은 창조했으리라

생긴대로 살자
생로병사가 뭐가 어때서?
벗어나려 애쓸 것도 없다
벗어난들
지금보다 더 좋아지기는커녕,
바로 그것이 더 큰 재앙이리라…

2023. 9.10.

감사할 일이 많다!

보통사람으로 평범하게 산 것만 해도
하늘에 감사할 일이 많다

엉터리 책을 써서
한 권에 수천만 원에 팔지 않았어도
밥 굶지 않고
가족 부양하고
80 가까이 무사히 살아온 것이 어디냐?
당연히 하늘에 감사할 일 아닌가?

무수한 사람 두고두고 괴롭히는
악법을 만드는 데 거수기 노릇이나 하는
국회의원 경력이 없는 것이야말로
참으로 감사할 일이 아닌가!

더욱이 당선된 날부터
탄핵 운운하는 대통령 자리 따위는
꿈에도 바란 적도 없으니

고민할 것도 없다
아무 때나 탄핵하려면
임기를 아예 없애든가 할 것이지
임기를 정했으면 끝날 때까지 기다리면서
일해보라고 내버려두던가!

임기 도중에 탄해할 바에야
돈 들여서 쇼 같은 선거는 왜 하나?

비록 양두구육 썩은 정치가에게
충성서약을 거부한 탓에 직장에서
정년보다 한참 일찍 쫓겨나긴 했어도,
여태껏 먹고사는 데는 별 지장이 없었으니,
정녕 감사할 일이로다!

그 자도 죽은 지 오래 되었으니
지금쯤 가짜 낙원에 가 있으리라
어차피 생전에 그는 가짜였으니
그에게는 가짜 낙원이 오히려 진짜이리라

줄 서지 않고
어느 파벌에도 속하지 않고
거짓말, 내로남불, 가짜뉴스, 괴담,

돈봉투 살포, 서류위조 컴퓨터 조작, 단식 쇼 등과도
전혀 무관한 보통사람의 평범한 인생
무사히 살아왔으니
하늘에 감사할 일이
참으로 많고 또 많지만,

헛되고 또 헛되다!
태양 아래 모든 것이 헛되도다!
그 진리 이제는 깨달을 나이가 되었으니
나도 갈 때가 된 것일까?

좋다! 가야만 한다면 가자
여기서 십년 이십년 더 버틴들
그게 무슨 큰 의미가 있는가?
공연히 헛고생만 더 할 뿐…

그래도 그것이 허용된다면
그것 역시
하늘에 감사하자
당신 뜻대로!
하늘에서도, 땅에서도!
뭐든지 무조건 모두 감사하자!!!

2023. 9. 10.

유시유종!

유시유종,
시작이 있으면 끝이 있다
이승에 살아있는 모든 것,
아니, 무생물마저도 모조리
유시유종이다!

어차피 이승이란
영생불멸이 불가능한 곳이니…

그날, 네 인생이 끝나는 날
그날이 오늘이면 어떻고
내일이면 또 어떠하냐?
2023년 금년이나
2053년 30년 뒤나
무슨 차이가 있는가?
차이가 있을 수 있는가?

아니, 설령 그 날이

2123년인들 2253년인들
차이란 없으리라…
천년이 하루고
하루가 천년인
저승의 눈으로 볼 때는
그 날은 그날일 뿐 아닌가?

그러니 준비하라
언제든지 떠날 수 있도록
아무것도 가진 게 없이
진짜로 다 버리고
빈손으로
홀가분하게 떠나라!

공수래공수거,
오로지 그거야말로
가장 멋진 유시유종 아닌가?

2023. 9. 17.

잘난 놈도 세상에는 없다

잘난 놈도 세상에는 없다
한 때 돈 좀 있다고 해서
잘난 건 아니다
한 때 권력 좀 잡았다고 해서
잘난 건 더더욱 아니다

왕이든 거지든,
올림픽 금메달 선수든
팔다리 없는 불구자든,
누구나 어쩌다가 우연히
이승을 잠시 거쳐 갈 뿐이다
그래 잠시뿐이다
잠깐 사이에 지나간다

인류에게 반드시 필요하고
없어서는 안 되는, 즉 필수불가결한
그런 인물이란 동서고금을 막론하고
단 하나도 없다

어느 누구든
있어도 그만, 없어도 그만이다
그런데 뭐가
그리도 잘났다는 건가?

진짜로 잘난 사람은 없으니
모두 잘난 척할 뿐이다
진짜 잘났으면
척할 필요도 없다
입 다물고 가만히 있어도
잘난 것은 잘난 것이니까
따라서 척하는 것은 모조리 가짜다
안 그런가?

물론 세상에는
못난 사람도 없다
잘나고 못나고는
사람들이 그렇게 생각할 뿐이다
그러니 따질 것도 없다

설령 잘나도 한 세상이고
설령 못나도 한 세상이다
단 한번 이승에서 살다가

훌쩍 자취 없이 모두 떠난다
그뿐이다 아닌가?

                                            2023. 9. 17.

황천의 나룻배

황천의 나루터에 날마다
구름처럼 몰려드는 것은
사람이 아니다
대 자연에게서 빌려 쓰던 육체, 아니, 송장을
다시 대자연에게 반납하고 온 자들이니
모두 귀신이다
그래서 몰려드는 것은 인파가 아니라
귀신파다
작은 나룻배 하나
뱃사공은 예약 사절,
선착순으로 태운다
이승의 빈부귀천은 깡그리 무효라
귀신은 완전히 평등하다

뱃삯도 없다
뱃사공은 돈이 필요도 없으니까
사실 쓸 데도 없다
작은 배지만 무한정 태운다

육체가 없는 귀신들이니
무한정 태워도 그만이다
물론 정원 자체가 없으니 상관도 없다

귀신들은 이승의 일을 전혀 기억하지 못한다
나루터에 도착해서
그곳 바람을 잠시만 숨 쉬어도
금세 완전한 치매에 빠지니까
그게 오히려 당연하다
그래야만 저승에 도착해서
새로운 삶을 개시할 수가 있다
그게 뭔지는 아직 모르지만…
걸기대!!!

2023. 9. 17.

모든 것은 변한다

세상만물, 세상만사
모든 것은 변한다
이 말 이외에는 참으로
모든 것은 변한다

악독한 놈, 모진 놈이
극악한 짓을 자행할 때
참고 기다려라
쥐구멍에도
쨍하고 볕들 날이 오고
왕성도 홍수에 잠길 수 있다

물론 그렇다
우리 수명이 바다거북처럼
한 오백년 된다면야
느긋하게 백년쯤은 기다릴 수도 있다
하지만 악독한 놈이나 우리나
모두 고작 백년 미만이 수명이니

어찌하랴? 어쩌란 말이냐?

불법이든 합법이든 따질 것도 없이
파업도 해 보는 게다
필요하면 무장봉기도 못 할 거 없다
비록 패배가 뻔하다 해도
어차피 죽을 바에야 싸워는 보는 게다

역사의 심판에 맡긴다?
한가한 소리다
오히려 무책임한 궤변이다
백년 후에
가해자도 피해자도 모두 죽은 뒤에
역사의 심판이 있는 들 무슨 소용이 있는가?
가해자의 상속자에게 책임을 묻는다면
그건 연좌제인데
설령 특별법이 있다고 한들 반드시 정당한가?

과거의 범죄에 대해
이미 죽은 자에 대해
국가원수는 사면권이 있는가?
어떤 경우에 그것이 정당한가?

모든 것이 변한다면
어제의 불의가
오늘의 정의가 될 수 있는가?
그 역의 경우도 가능한가?

꼬투리 잡기
말장난은 가능하다
하지만 아무리 변한다 해도
콩 심은 데 콩 나고
팥 심은 데 팥 나는 법이니
어제의 불의가
오늘의 정의가 될 리는 없으리라
그래서는 결코 안 되리라

2023. 9. 20.

광신도의 광란은 교주가 죽어야 끝난다

증오는 희로애락의
평범한 감정이 아니라
청산가리 같은 독약이다

더욱이 제어 되지 않는 증오는
건전한 상식의 뇌세포를 죽이고
건전한 가치관의 뇌세포도 파괴하는
불치의 암 덩어리다

편견이나 고정관념은
누구나 지닐 수 있다
하지만 증오로 오염되면 치명적이다
멀쩡하던 사람도 머리가 획 돌아서
광신도로 돌변하기 때문이다

따라서 증오에 중독, 오염되면
마약 중독자나 마찬가지로
날마다 더 심한

증오를 먹어야 산다
결국
제 정신을 잃은
극렬 광신도가 되고 만다

광신도는
대가리가 깨져도
여전히 광신도고
모가지가 잘려나가도
여전히 광신도다

한 개인이 우상화 되고
무소불위의 절대 권력을 휘두르는
그런 조직이나 단체는
제 아무리 자유, 민주의 명칭을 붙여도
결국 자유도 민주도 속임수의 빈말일 뿐,
나 홀로 독재 권력의 사교 집단일 뿐이다

그들은
자살, 살인, 방화, 약탈 등
온갖 범죄마저
투쟁의 정당한 수단이라고
억지, 궤변으로 합리화하는 데 명수다

눈에 보이는 게 없다
오로지 교주와 증오만 본다

광신도들의 광란은
교주가 죽어야 끝난다
사교가 초래하는
전국적 소란도 피해도
교주가 죽어야 끝이 난다

어차피 교주는
광신도들에게도 버림받고
개처럼 죽을 것이다
죽은 뒤에는 아무도 쳐다 보지 않으리라

더 이상 짖지도 물지도 못하는
죽은 개 한 마리가
무슨 가치가 있는가?

2023. 9. 24.

판사가 풍향계의 닭일 바에야
AI가 더 낫지

풀향계의 닭이
바람 부는 대로
위치를 바꾸는 것은
당연하다
그래야만 풍향계가 된다

하지만 판사가
바람 따라 변하는
그런 닭이라면
차라리 AI가 판사가
되는 게 더 나을 것이다

사법시험도 폐지하고
굳이 공부할 필요도 없이
검사 변호사도
모두 AI로 교체하면 어떤가?
감목도 AI가 관리하고

아예, 대통령 장관 국회의원까지
모두 AI로 하면…
선거 비용도 줄이고
정쟁도 없어지고
온 나라가 평안해 지리라…

2023. 9. 27.

허망한 것들…

젊을 때는
허망한 것이 뭔지
느끼지도 못했다
관심도 없었고

하지만 젊음이란
어느 새 지나가버리고
이제 세상만사
관조할 때가 되니
세상만사가 부질없는 것
허망한 것으로만 보인다
원래 그런 것이다

헛소리라고 웃지 마라
지금 아무리 젊어도 곧 노년기가 닥치리니
그때가 되면 실감하리라
만시지탄이긴 해도
깨달으면 그나마 다행이리라

최소한 노욕의 추태는 면할 테니
노욕으로 무수한 젊은이에게
큰 피해는 주지 않을 수도 있으리니

젊을 때는 젊은이답게 활동하고
늙으면 늙은이답게 처신하는 것이
자연의 순리일 테니
젊든 늙든 그것은 전혀 문제가 아니고
가장 핵심인 관건은
각자 자기 시간 속에서 인간답게 살아가는 것 뿐이다

노년기에 젊은이를 부러워할 건 없다
부러워해봤자 아무 소용도 없고
오히려 고달픈, 험한 청춘기 무사히 넘긴 것은
다행이니 만족하고 또 안도하라
반면에 청춘기에는 멋진 노인을
존경해야 마땅하다
멋지게 노년기를 보내는 늙은이가 가까이
있는 것만도 그들에게는 행운 아닌가?

2023. 9. 29.

문제가 생기면…

사람 사는 곳에
문제는 항상 생기게 마련이다
그건 살아있다는 증거다
죽은 자에게는
문제가 있을 수도 없으니…

짜증을 내기는 쉽다
화도 난다
남에게 탓을 돌리기도 쉽다
못난 자들이 흔히 하는 짓인데
문제 해결에 전혀 도움이 되지도 않고
오히려 문제를 악화시킨다
아무 소용도 없다

무슨 문제든지
해결책이 있게 마련이다
딱 부러지는 해결책이 없을 때는
문제를 일단 덮어두는 것도 방법이다

문제가 생기면
해결책부터 찾아라
최소한 문제를 완화하는 방법이라도
찾아라
그게 성숙한 사람의 처신이다

문제가 생기는 것을 반겨라
그건 우리가 살아있다는 증거이고
우리 도량을 발휘할 기회니까

        2023. 9. 29.

불가능한 꿈은 망상일 뿐일까?

불가능한 것은 꿈도 아니다
언젠가 이루어질 수도 없으니
그냥 망상일 뿐이다
과연 그럴까?

맨손으로 구름을 움켜쥐어서
눈덩이처럼 뭉칠 수가 있다면
메마른 들판에 풀어 비를 내리고
푸른 초원으로 만들 수도 있으리라

사막에도 어디든지
오아시스를 만들리라
와디마다 항상 물이 넘쳐
배가 다니게도 하리라

구름을 뭉쳐서 우박으로
우박을 뭉쳐서 얼음벽돌로 만들어
창고에 저장했다가

필요할 때 필요한 곳으로 운반한다면
전 세계에서
갈증도 가뭄도 영영 사라지리라

하지만 이 모든 생각은
꿈도 아니고
그냥 불가능한 것,
망상일 뿐이리라

과연 그럴까?
언젠가는
문제를 간단히 값싸게 해결해 줄
천재가 나타나지 않을까?

수천 년에 하나 나타나는
메시아 같은
그런 천재가…

2023. 10. 1.

대문 밖이 저승이다!

집안에서는 누구나
각자 왕이다
하지만 대문 밖에서는
인간은 인간에게 늑대가 되어
굶주린 늑대들
밥그릇 싸움을 벌인다

바둑의 기본
아생 연후 살타
인정 사정 볼 거 없다
내가 살아야 세상도 있다

옳다 백번 옳다
하지만 네가 살면
얼마나 오래 사는데?
너만 살면 세상이
무슨 재미가 있나?

휴가 간 목사 대신에
교회를 돌보는 자원봉사로 나선 은퇴 목사가
운전하던 차가 음주운전에 중앙선을 넘어
질주해 온 트럭과 정면충돌,
목사가 현장에서 곧장 저승으로 갔다
대문 밖이 저승이다

효도관광 비행기 표를 들고
공항으로 가던 80대 노부부,
버스가 빗길에 뒤집히는 바람에
현장에서 황천으로 갔으니
역시 대문 밖이 저승이다
다만 지상에서 변을 당해
시체는 찾았으니 다행이다
그들이 타려던 비행기는 그 후 실종,
바다 밑에 가라앉았다

골프장에서
골프채를 휘두르다가
벼락을 맞은 경우도 있고
공원을 산책 중 갑자기 소나기를 만나
하늘을 찌르는 느티나무 밑에서 비를 피하다가
벼락이 바로 그 나무를 내리치는 통에

대문 밖이 저승인 경우도 있다

신나게 돌아다니다가
코로나에 걸려 고희 이전에
급사한 친구도 있는데 마지막 전화에
대문 밖이 저승이라고 얘기는 못했다

어쨌든
대만 밖이 저승인 사실은
변함이 없다
그렇다고
집안이 항상 천국인 것은 아니다
이 풍진 세상에 어딘들 안전하겠나?

고희 무사히 넘겼으면 무병 장수라 치고
일상 활동에 아직 별 불편이 없다면 건강한 것이니
허허허허
이 풍진세상에서
그 이상 뭐를 더 바라겠는가?

2023. 10. 3.

산다는 것은 변한다는 것이다

변한다고 슬퍼하지 마라
산다는 것은 변한다는 것이니까

네가 변하고
내가 변한다
우리가 모두 변한다
우리 주위도 변한다
세상만사가 변한다

어제가 오늘로 변하고
오늘이 내일로 변한다
침대가 무덤으로
이승이 저승으로 변한다

산다는 것은 변한다는 것
살아있으니까 변한다
살아있다는 것은 변한다는 것
변하니까 살아있는 것이다

변한다고 슬퍼하지 말자
다만, 더 착한 사람으로 변하자
더 정직한 사람으로 변하자
더 너그러운 사람으로 변하자
더 간절히 사랑하는 사람으로 변하자
그리하여 결국
더 사랑스러운 사람으로,
더 좋은 사람으로 변하자

          2023. 10. 3.

병들지 마라 아픈 게 죄다

병들지 마라
아픈 게 죄다

걷기가 힘들다
10미터가 십리 백리 길 같다
십자가를 지고 가듯이…

하기야
몸에 병이 들어
사지 기능이 마비되면
천근 만근 십자가를
진 것과 다를 바가 없다

수십 년 평생 지은 죄를
속죄하고 그 보속을 하는 것이리니
하지만 모든 죄는 만시지탄으로도
이미 다 용서 받았으리라만

더 이상 죄를 짓지 마라
단단히 결심을 해도
세월 앞에 장사 없으니
몸이 말을 안 듣는데 어찌하랴?

늘그막에 걸리는 병
아픈 것은 죄다
죽을 죄다
물론 죽으면 모두 용서받는다

하지만 죽기 전에 건강을
회복하도록 발버둥은 치자
포기는 쉽지만
포기하면 용서도 못 받을
진짜로 죽을 죄가 된다

무조건 병들지 마라
아픈 것이 죄다

2023. 10. 3.

족발집 앞을 지나며

우리가 신림동에서
만날 때마다
단골로 찾아가던
그 족발집 앞을 지나며
우리가 늘 앉던 테이블을
추억 어린 시선으로 바라본다

바로 그 테이블에서는 이제
전혀 생소한 젊은이들이 둘러앉아
담소와 대화에 잔을 든다
3년 전까지는 우리도 그랬지…

자네는 코로나에 걸려 작년에 이미 떠났고
나는 병들어 보행조차 힘드니
이제는 족발도 한잔도
모두 그림의 떡, 아니
꿈속에서나 보는 그림이리라…

세월이 가면
젊은이들도 떠나가고
지금 초등생들이 자라서
그 테이블에 둘러앉아
담소와 대화에 잔을 들리라

해가 아침마다 떠오르는 한
누군가는 돼지를 기르고
누군가는 족발을 만들고
술자리도 대를 이어 계속되리라

하지만 우리의 추억은
이어지지 못하리라
우리에게 단 한번만 허용된
그 계절은 이미 지나가버렸으니…

결국 우리는 한겨울
허공에 흩날리던
눈 한 송이일 뿐이니…

2023. 10. 3.

친구란…

친구란 무엇일까?
마누라에게도 하기 어려운 얘기
자녀들에게도 차마 꺼내지 못할 얘기
스스럼없이 서로 털어놓을 수 있는 사이,
바로 그게 친구다!

나이 십여 세 고교생 때
한 교실에서 함께 공부한 동창생들이
모여 담소에 술 한잔
그 이상 바랄 게 무엇인가?
천당이 따로 없는 게다

더욱이 이제 우리는
내일 모레 나이 팔십이니
앞으로 몇 번이나 더 모이겠나?

이미 많이 떠났고
남은 우리인들 순서가 없으니

하나 하나가
세상에 더 없이 소중한 친구 아닌가!

그래 친구 사이란
무슨 말이나 다 통하고
서로 양해할 수 있는 것
마음이 서로 응답하니
모이면 즉시 합창이다

친구야
너는 나의 그림자고
나는 너의 그림자니
우리는 결국 하나다

이승에서 인연의 힘이 다할 때까지
자주 만나 담소하다가
저승에서도 다시 만나세
그러면 우리 담소가
더욱 더 재미 있으리라…

2023. 10. 5.

찬미와 감사 뿐이다

찬미와 감사 뿐이다
우리가 주님께 드릴 수 있는 것이라고는
오로지 그것 뿐이다

인생 백년
눈 깜짝할 사이에 지나가는 길
우리가 한순간 베푼 자비와 선행은
그리 대수로울 것도 못되는데
주님은 과분하게 보상해 준다

영생으로 보상해 주시다니!
이승의 삶이 허망할수록, 순간일수록,
얼마나 갈망해야 마땅할 영생인가!
그 과분한 보상이야말로
바로 주님의 자비가, 은총이
얼마나 무한한지 드러내 주려는 것이다!

주님을 찬미하라

주님께 감사하라
하찮은 우리가
바칠 수 있는 것은
오로지 그뿐이니…

우주선을 타고 달이나 화성에 간다고 해도
인간은 하찮은 존재일 뿐
수증기 한 점도 창조할 수 없다
바로 그러니까
이웃에게 베푼 사랑과 자비가
한없이 가치가 있는 것이다
누구나 모두 공수래공수거
바로 그러니까
이웃에게 베푼 자선은 영생의 보상을 받는 것이다
인생은 짧다
바로 그러니까
우리의 하찮은 희생, 고통이
더욱 더 값진 것이다

가난할수록 희생은 그 가치가 크고
힘이 없을수록 자선은 더욱 값지다
굶주릴수록 이웃에게 나누어준 빵이
그 얼마나 공로가 큰가!

영상도
영원한 행복도
주님의 전지전능으로 보면
무한한 자비에서 보면
무상의 선물, 은총이긴 해도
그 얼마나 고마운 것인가!

감사하고 찬미하는 것
우리가 바칠 수 있는 것은
고작해야 그뿐이다

하지만
그거라도 하라
날마다 끊임없이 하라

2023. 10. 6.

이승의 가치가 저승에서도 통할까?

열대지방에 가면
마누라 없이는 살아도
에어컨 없이는 못 산다는
우스갯소리가 있다

21세기 도시에서 우리는
마누라 없이는 살아도
휴대폰 없이는 못 산다고 한다
우스갯소리가 아니라
진담이다!!!

정말 그럴까?
오히려 거꾸로 가 아닐까?
휴대폰은 없으면 어디서나
돈 주고 빌려서 쓸 수도 있지만
마누라는 임대해서 쓸 수가 없지 않은가?

없으면 아쉽다는 점에서는 같지만

빌려 쓰는 면에서는 전혀 다르다
물건과 사람의 차이란 원래 그런 것이다!

돈, 지위, 권력…
이승에서 가치 있는 것이
저승에서도 가치가 있을까?
아브라함의 자손인
라자루스와 부자의 비유를 보면
예수님은 그게 아니라고 했다
라자루스는 구원을 받고
부자는 지옥에 갔으니…

물론 부자라고 해서
반드시 모두 지옥에 가는 것은 아니리라
정말 그렇다면
누가 부자 되려고 애를 쓰겠나?

세상은 무위도식하는 히피족이나 거지나
건달로 가득 찰 것이다
그게 예수의 가르침의 목표일까?
천만에!
가난하면 무조건 구원된다는 말도 아니니,
가르침의 핵심은:

구원이란
돈으로 결정되는 게 아니라는 것,
그뿐이다

돈은 개나 소나 누구나 벌 수도 있고
또 순식간에 모두 잃을 수도 있는 것이니
그리 중요한 것이 아니다
지위도 마찬가지다
이승에서만 통하고
저승에서는 무용지물이다

하지만 천재는 다르다
탁월한 두뇌나 솜씨는 누구나
갖출 수 있는 게 아니다
그래서 인류의 보석이 된다

더욱이 착한 심성, 희생정신, 고귀한 인품은
주님의 특별한 은총이니
한없이 가치가 있다
이승에서도 저승에서도
별처럼 영원히 찬란한 것이다

우리는 오늘도 열심히 일한다

저승에서 무용지물인 것을 모으려고
선행과 자선의 기회를 버린 채
짧은 인생을 낭비하고 있다
어리석고 모자라는 것은 죄가 아니다
하지만 인생을 낭비하는 것은 죄다
구원을 발로 차는 것은 죄다

2023. 10. 6.

물질은 천하고 정신은 고상한가?

물질은 천한 것인가?
물질은 자연법칙에 따른다 정직하게
각각 창조주의 걸작품이니까
성실하게 법칙을 따른다
따라서 물질세계는 질서정연하다

인간의 이성과 정신은
고상하고 고귀한 것인가?
물질보다 더 멋진 걸작품이기는 하다
하지만 자유의지로 오염된 탓에
법칙을 따르지 않고 제 멋대로 군다
그래서 미친놈도 많고
거짓말하는 자,
사악한 자도 부지기수다
결국 세상은, 사회는 카오스가 된다

물질, 물건이 뜻대로 움직이지 않을 때
짜증을 내거나 화내지 마라

법칙을 먼저 연구해서 순리대로 조종하면
순순히 뜻대로 움직일 수 있다
다만 인간의 이성과 정신은 그렇지 않다
옳고 그르고 법칙이고 순리고
전혀 통하지 않는다
사람에 따라 반응이 다르니
일정한 대책도 없다

결국
물질은 법칙으로 다스리고
이성과 정신은
엉뚱한 곳의 허를 찔러 다스린다

하지만 그 허가 어딘지
언제, 어떻게 찔러야 좋을지
알아내기란
그 얼마나 어려운가!
알아낸들 실제로 시행하기란
그 얼마나 미묘한가!

2023. 10. 6.

마약중독보다 더 독한 중독성의 뉴스병

명성은 정신병 바이러스다
전국적, 세계적 명성을 얻은 저명인사들이
거의 백발백중 걸리는 것이
마약중독보다 더 독한
중독성 정신병, 뉴스병이다

일주일에 한번쯤
뉴스에 뜨지 않으면
불안과 초조에 잠도 못 잔다

언론이 취재해 주지 않으면
자기가 뉴스를 만들어낸다
아전인수 자화자찬으로 시작해서
유체이탈 내로남불로 발전,
결국은 거짓말, 가짜뉴스에 이른다

컴퓨터 조작,
통계조작은 기본이다

증인 매수 협박,
살인, 암살 등 못할 거 없다
권력을 잡기 위해서라면,
떼돈을 주무르기 위해서라면,
무슨 짓인들 못하랴?

원래 명성이란
본인이 조용히 지내면
날로 더욱 자라고
진짜로 명불허전이 되고
존경마저 받기 마련이지만

저명인사가 뉴스병에 걸려
날마다 헛소리를 하면
사람들이 지겨워하다가
가짜의 본색마저 깨닫고는
마침내 경멸할 수밖에 없으니
원래의 명성마저 없어진다

원래 명성이라도 있었다면
그나마 동정은 받겠지만
자칭 저명인사로 착각해서
저명인사 행세를 하거나

더욱이 뉴스병에 걸린 척하는
가짜들은 동정은커녕
경멸조차 못 받는다

사람들은
그냥 무시하고
잊어버릴 뿐이다
그런 자들이 동시대에
살고 있었는지도 기억 못 하고…

2023. 10. 7.

프랑스의 뉴 패션은 빈대!

빈대가 프랑스에서
갑자기 창조된 것은 아니다
신석기시대에도 있었으리라
그런데 빈대가 갑자기 사방에
나타난 것은 프랑스인들이 애용하는
향수 그 냄새에 취해서
빈대가 제 분수를 잃었기 때문이리라
프랑스에 오래 살아서
프랑스인이 되었다고 착각했으리라

빈대는 프랑스인의
신종 애완동물인가?
반대를 마스코트처럼 옷이나
몸에 붙이고 다니는 것이,
가려워서 아무데서나 몸을 긁어대는 것이
뉴 패션인가?
핵무기 미사일에 잠수함도 있는 프랑스인데
거긴 빈대약 스프레이도 없나?

그것도 나라에서 예산으로
각 가정에 공급해주어야 하나?
프랑스인은 그토록 가난한가?

그렇게 빈대약 살 돈도 없다면
내년 올림픽 개최는
과분한 사치 아닌가?
반납하든가 취소하든가…

아프리카의 프랑스어 사용 국가들이
빈대약 스프레이를 모아서
식민지 종주국이었던
프랑스를 이 기회에 원조해주면 어떨까?

세상에는 별 일이 많다
기상천외 별 꼴도 많다
세상이란 원래 그런 것이다

2023. 10. 7.

10년 젊게 보인다? 그래서?

가발, 임플란트, 성형 따위에
수백만 원 들인 고희 노인에게
40대 여자가 아양 떨며 하는 말
10년 젊게 보이네요

늦바람 난 노인은 실망이다
겨우 10년?
이왕이면 30년쯤 젊게 보인다고 하지
빈말 하는데 돈 드나?

물론 돈이 들 리가 없다
하지만 실제로 젊어지는 것도 아니고
고작 젊은 듯이 보이는 것 뿐인데
10년이면 어떻고
30년이면 뭐가 다른가?
다 말장난인데…

가발이 갑자기 갑갑해진다
임플란트에도 치통이 온다

성형한 피부도 다시 늘어진다
원, 빌어먹을…
괜히 돈만 날리고 고생만 했잖아!
생긴대로 살걸…

그래 생긴대로 살면
사서 생고생은 안 하지
젊은듯이 보여서 얻은 게 뭐야?
젊은 여자의 빈말이나 들어서
얻은 게 도대체 뭐냐고?

멍청한 놈!
수백만 원 천만 원 그 돈으로
차라리 보약을 먹든지,
하다못해 비아그라를 먹든지,
맥주라도 친구들과 실컷 마실 것이지,
뭐하러
젊게 보이려고 낭비했나?

10년 젊게 보인다는
같은 말도
20대 젊은이에게 하면
욕이 되고

10대 아이에게 하면
저주로 들리리라

반면에 그런 말을 들을 때
실제로 젊어진다면
세상은 순식간에 뒤집히고 말리라

돈도 넉넉한 고희 노인이
진짜로 10년 20년 젊어진다면,
그래서 바람을 피운다면,
게다가 애까지 낳는다면,
서열과 질서가 뒤죽박죽으로 변하고
세상은 참으로 끔찍해지리라
유산 상속을 학수고대하던 자녀들은
10년 20년 더
목에 석고를 감아야 하리라

생자필멸이니
생긴대로 살아라
공수래공수거 일 뿐이니
젊어질 욕심도 버려라
그래야 하루라도
마음이 편안하고

짧은 인생
만족하고 살다가
만족하고 떠날 수 있다

이 풍진 세상에서는
오로지 그런 것만이
진짜 행복 아닌가?

2023. 10. 7.

사라질 때는 고요하게!

드넓은 초원 뒤덮은 함박눈
한겨울에 황홀한 설경 이루어
사람들에게 신선이라도 된 듯
잠시 행복을 주더니…
철이 바뀌어
녹아 사라질 때에는
사방이 고요할 뿐이다
아무 소리도 없다

그 고요함에 젖어
무수한 풀이 솟아나
눈부신 경치를 이룬다
약동하는 생명의 초원
사람들은 활기에 차 웃는다

우리 몸은 눈송이와 같은 것
무수히 모여 잠시 지상을 덮었다가
때가 되면 땅 속으로 잦아들어

사라지는 것…
하지만 이승의 막을 내리고
저승으로 떠나갈 때
왜 이리 시끄러운가?
곡소리! 통곡소리!
왜 이리 요란한가?
슬픔에 겨워서? 좋다!
사실은 살아남은 자들이
오래된 관습 때문에,
자기 체면 때문에 곡하는 건 아닐까?

들판에 새로운 풀이 초원을 덮듯이
다음 세대가 세상을 좌우하는데
뭐가 그리도 슬픈가?
철이 바뀐 것 뿐인데…
눈이 녹고 풀이 돋아났을 뿐인데…

빙산도 소리 없이 녹아 사라진다
산더미 같은 초 덩어리도
작은 촛불에 녹아 사라진다

사라진다고 해서
반드시 슬픈 건 아니다

낡은 것이 사라져야만
새로운 것이 등장하고
세상은 새로워지는 것이다

새 하늘 새 땅!
마라난타!
(주님, 다시 오십시오!)
그렇다, 낡은 것이 먼저 사라져야 한다!

          2023. 10. 22.

너무 오래 여기서 꾸물대지 말고
적절할 때 떠나가자

바다거북이처럼
이승에서 4~5백년 살 것도 아닌 바에야
백세 지나서 치매에 걸리든가
식물인간으로 숨이나 쉬는
산 미이라, 산 송장으로 10년쯤
더 여기서 우물쭈물 하기보다는
백 세 전후해서 적절할 때
떠나가는 게 피차 좋지 않을까?

더 살아있는 것이
인류의 구원이나 평화에
기여한다면 몰라도
그럴 인물도 아니고
그럴 가치도 없는 바에야
오히려 대기오염만 가중시킬 뿐이라면
퇴장은 빠를수록
인류에게 도움이 되리라

장수할수록 구원이 더 확실하다면
무슨 짓인들 못하랴?

2023. 10. 23.

무슨 뜻인가?

무슨 뜻인지도 모르고 지껄이는 말들
너무나도 많다
미친놈 잠꼬대 같은 말일 뿐…

장수한다… 축하한다?
장수란 무슨 뜻인가?
몇 살까지 살아야 장수인가?
장수는 정말 축하할 일인가?

단명한다… 애석하다?
단명은 무슨 뜻인가?
몇 살까지가 단명인가?
왜 애석한가?
정말 애석한 일인가?

인생은 허무하다?
인생은 무엇인가?
허무는 또 무슨 뜻인가?

영원한 행복…
행복이란 무엇인가?
병원은 무슨 뜻인가?
정말 갈만할만한 것인가?

말은 있지만 뜻은 모른다
뜻은 있지만 깨닫지 못한다
그래도 좋다
모르는 게 약인지 누가 아나?
미친놈 잠꼬대 속에서도
한평생 편하게 보내면 그만!

하하하하 허허허허
그렇게 살아도 좋고
뜻을 깨달으려 발버둥쳐도 좋고
다 좋은 게 좋은 거다

누구에게 좋은가?
혹세무민 사기꾼들에게나
좋을 테지
암, 그렇고말고!

2023. 10. 25.

틱톡 틱톡

틱톡! 틱톡!
가는 말이 고와야 오는 말도 곱다
틱톡! 틱톡!
가는 말에 가시가 있으면
오는 말에는 가시가 두 배다

틱톡! 틱톡!
몽둥이 들고 웃는다고 해서
친절한 건 아니다
정말로 친절하다면
몽둥이부터 치워야 한다

틱톡! 틱톡!
말만 번드르르하고
돌아서서
악담을 퍼붓는다면
당하는 사람이 모를 리가 없다
세상에 비밀은 없으니까…

틱톡! 틱톡!
재주 부리지 마라
제 꾀에 넘어가는 건
원숭이 뿐만이 아니다
만물의 영장인 인간이 더 심하다

        2023. 10. 26.

돈 철학…

돈 철학…
무슨 말인가?
돈에 관한 철학?
철학이 돌았나?

아래 말은
돈 때문에 머리가 돈
철학자의 잠꼬대니
아무 짝에도 쓸 모가 없으리라

하지만 한번쯤 들어보고
잘 생각해 보면
쓸 모가 있을지도 모르니…

돈이란 있으면 좋고
없으면 없는 대로 비비고 갈 수도 있다
사람이 돈을 먹고 사는 것도 아니다
그런데 돈을 벌기 위해

인생의 시간을 다 보내면
뭐하러 사는가?

인생이란 돈을 쓰는 재미일텐데
벌기에만 시간을 다 쓴다면
진짜 인생은 몇 시간 남는가?

돈이 많다…
얼마나 많아야 만족할까?
세상의 돈을 몽땅 차지한들
만족하는 사람은 없으리라
인간의 욕망이란 무한하고
어차피 밑 빠진 독이니까…

돈이 없다…
무일푼이다…
좋다,
필요할 만큼만 벌고
남는 시간은 자유다!
내 인생이다!

황금을 에베레스트 산처럼
모은 인생은 과연 행복할까?

이승을 떠날 때 쉽지가 않다
골치만 아플 뿐 아닌가?

공수래공수거
허전하겠지만
그게 제일 간단하고
속도 편하니
최고의 길이다

돈이란 있으면 좋고
없어도 그만이다
인생은 단 한번 지나가고 마니
돈벌이에만 바치기에는
너무나 짧고 또 아깝다

위의 말은
돈 철학자의 잠꼬대니
들을 귀 있는 사람만
들으면 된다

2023. 10. 28.

인생도 인생 나름, 일장춘몽만은 아니다

카바레에서 밤새껏
춤추는 사람들은
인생이 일장춘몽이겠지만
그나마 다행이리라…

하지만 한밤중에 쏟아진
폭격에 저승으로 증발한
가족의 인생은
일장악몽이리라
그나마 비몽사몽 중에
끝장을 보았다면
불행 중 다행이리라…

결국 인생도 인생 나름이라서
춘몽이 있으면 악몽도 있다
어느 쪽이든
꿈은 꿈일 뿐이니
환호도 비탄도

모두 부질없으리라

하지만
기쁠 때는 환호하고
슬플 때는 울부짖게 마련이다
그래야 산 사람인 것이다

아하, 사는 게 죄라면
태어난 것은
그 얼마나 큰 죄냐?
더욱이 악몽이나 꾸다가
악몽 속에 사라질 인생도 역시
구원이 가능한 것인가?

2023. 11. 7.

시간의 소리

맨눈에 보일 리는 없지만
시간이 지나가는 소리는
분명히 들린다

재깍재깍
초침이 쉴 새 없이 돈다
시간이 허공에 녹아
사라지는 소리
재깍재깍 재깍재깍…

사르르사르르
모래시계에서
모래가 흘러내린다
시간이 저 멀리 영영
흘러가 버리는 소리
사르르사르르…

사각사각

낙엽이 떨어진다
잃어버린 시간에 대한 미련이
가슴 속에서 구겨지는 소리
사각사각…

사락사락
함박눈이 내린다
시간이 쌓이는 소리
사락사락…

주루룩 똑 주루룩 똑
고드름이 녹는다
겨울 내내 가족을 보호해준
지붕, 그 침침해진 눈에서
흘러내리는 눈물
시간이 떠나가면서
남기는 경고의 소리
주루룩 똑 주루룩 똑…

눈을 떴다고 해서
다 보는 것도 아니고
귀가 열렸다 해서
다 듣는 것도 아니다

그러거나 말거나 상관없다
시간은 제 길을 갈 뿐이다

                              2023. 11. 8.

나이들수록 못하는 일도 많아지지만…

인생 칠십 고래희라는 말도
이제는 매우 낡아서
고희의 두 배는 되어야 비로소
진짜 고래희가 될 판 아닌가?

그래도 고희 넘기고
한참 더 나이를 먹을수록…
사지의 기능이 약화되어
못하는 것도 많아진다
걷기, 여행, 각종 스포츠…

반면에 늘어나는 것도 많다
잠자기, 텔레비전 시청,
쓸데없는 근심걱정 또는
미련하고도 추한 노욕…

하지만
모든 것이 결국에는

누구나 다 똑같이
공수래공수거 일 뿐이다

2023. 11. 11.

아디오스, 아미고!

잘 가라
아디오스, 아미고!
(주님의 품으로 돌아가라, 친구여!)
초등학교 4학년부터, 중학교 3년
이제 80 고개 턱밑까지
70여 년 동안
우리는 서로 절친한 친구였지

한평생 친구여!
명수대 성당 복사 시절도
이제는 가물가물한 추억일 뿐
신림 시장 요셉의원 시절, 선우원장과 함께
연탄불 포차에서 한잔 하던 그때도
이제는 추억일 뿐이지만
우리가 이승에서 함께한 시간은
참으로 정결하고 정다운 것이었다
두 번은 결코 허용될 리 없고
바로 그래서

더욱 귀중하고 더 의미가 깊은
그 시간이 있었기 때문에
우리는 행복했다고 말할 수 있지

하지만
라파엘 김평일
자네는 간암으로 2년 고생하고
결국은 장출혈로
어제 숨을 거두고
이승에서 저승으로 날아가
주님의 품안에 별이 되었으니
이제는 고통도 근심도
더 이상 없으리라

생로병사
공수래공수거
아무도 벗어나지 못하는 숙명이지
흙에서 흙으로 돌아가고 나면
이승은 산 자들만의 무대로
다시 돌아가는 법이긴 해도
자네의 봉사의 자취, 추억의 깊이는
우리 가슴속에 길이 남으리라

아름답게 남으리라
생생하게 여운을 울리리라
따뜻한 그리움으로 솟으리라

라파엘 김평일!
우리의 영원한 친구여!
아디오스 아미고!
주님의 품으로 돌아가
평화와 안식 영영 누려라!

2023. 11. 17.

초 한 자루

가는 것이든 굵은 것이든
모든 초는
한 방울로 시작하고
또 한 방울로 끝난다

그 한 방울이란
말로는 결코 표현할 갈이 없는
눈물일 수도 있고
평생 후회의 한숨일 수도 있으리라

어느 쪽이든 상관은 없다
결국 마지막 한 방울마저 다 타버리면
촛불은 꺼지고 말 터이니

다만 한 가지 희망이 있다면
촛불이 아직 빛을 던질 수 있는 동안이나마
더 널리 더 밝게
자비와 자선의 빛을 던져 주는 것만이

인생의 참된 보람이리라…

2023. 12. 11.

실타래

미세한 가닥이든 굵은 가닥이든,
모든 실은 시작이 있으면 끝도 있다
사람 사이의 인연과도 같이
중간에 끊어진 실 가닥도 있고
처음부터 끝까지 이어진 것도 있고
얼키설키 풀 수 없는 것도 있다

운명이란
그거 참…
그 누가 알겠나?

실타래를 감는 것도 하늘이고
푸는 것도 하늘일진데…
인간이야 다만, 각자 운명의 실가닥이
다 풀랄 때까지 최선을 다할 뿐
달리 무슨 길이 있는가?

2023. 12. 11.

뒷마당 노송 두 그루

두메산골 농가 뒷마당
한 구석에 노송 두 그루가 있었지
한 여름에는 그 그늘 아래
땡볕을 피했고
한 겨울에는 늘 푸른 잎에서
내일의 희망과 용기도 얻었지

하지만 수십 년 만에
가장 혹독한 추위가 닥쳤을 때
농부는 땔감이 없어
결국 노송 두 그루를 베어버렸지
봄에는 밑둥에 거름을 주리라
마음 먹기는 먹었건만
봄이 왔어도 노송은 사라지고 없었지

후회한들 이미 때는 늦었지
때란 언제나 늦게 마련이던가?

어쨌든
농부는 노송 밑둥 부분에 거름을 주었지
지성이면 감천이라 했던가?
남은 뿌리에서 새싹이 돋아났지

농부의 손자들은 한여름에
소나무 그늘에서 쉬리라
내일의 희망과 용기도 얻으리라
어쩌면 가난마저도
먼 옛날의 추억으로 만들 수 있으리라

2023. 12. 12.

그리하리라

어차피 믿으리라
달리 길이 없으리라
결국 영원히 살리라
당신 안에서
그리하리라

돌아서지 않으리라
그럴 수도 없으리라
결국 하나가 되리라
당신 안에서
그리하리라

원망하지도 않으리라
그래봐야 소용도 없으리라
결국 만족하리라
당신 안에서
모든 것 만족하리라
그리하리라

울지도 않으리라
눈물도 남지 않으리라
결국 허허 웃고야 말리라
당신 안에서
그리하리라

                                           2023. 12. 19.

산 영혼, 죽은 영혼

미소한 형제에게 베푼
선행과 이웃 사랑은
영혼에게 생명을 주리라
그리하여
산 영혼은 하늘로 올라가
영원히 찬란히 빛나는
별이 되리라
그리하리라

악행, 허위, 이기심은
영혼을 죽이리라
그리하여 죽은 영혼은
태초에 주님께 반역한 천사들과 똑같이
영원한 죽음의 계곡,
무한한 절망의 심연으로 추락하리라
그들에게는 자비보다 정의가 앞설 수밖에 없으니
그리하리라
정녕 그리하리라

선행, 이웃 사랑의 기회는 이승에서 수십 년 동안
무한히 주어졌지만 허송되었으니
영혼이 일단 죽은 다음,
아무리 통곡한들
제 아무리 애걸한들
다시는 기회가 없으리라
그리하리라
정녕 그리하리라

         2023. 12. 20.

눈물의 계곡은 기적의 골짜기다

부자는 부유한대로 한 세상
가난하면 가난한대로 한 세상
각자 스타일이 다를 뿐
누구나 고작한 세상이기는 매 일반
잘난 것도 없고
못난 것도 없다
이승이 눈물의 골짜기라지만
주님 앞에 가면
눈물이 변하여 모두
영원히 찬란한 진주가 되리니
이승에서 눈물을 많이 흘릴수록
더 많은 잔주를 거두리라

그러니
눈물의 계곡이란
원래부터 기적의 골짜기니라
단 한번 주어진 기적의 기회니라!!!

2023. 12. 21.

목조가옥

녹슨 톱으로 썬 널빤지에
구부러진 못으로 지은
목조가옥 한 채
오죽하겠나?

불완전한
사람의 법이 닿지 못하는
바리든, 악행이든 결국
하늘의 정의는 못 피하리라

상선벌악…
영원한 생명 또는 처벌!
아, 그 얼마나 무서운가!

이승에서는
황금의 매수, 총칼의 위협이
검사나 판사에게 통하겠지만
저승에서는 전혀 무용지물일 뿐

돈 자체가 없는 곳이니
매수가 어찌 가능하랴?
죽음조차 없는 곳이니
위협인들 무슨 소용이 있으랴?

인간의 법은 요행히 피했어도
하늘의 정의는 못 피하니
영락없이
악인은 지옥으로 떨어지리라

상선벌악…
영원한 행복
영원한 죽음
아, 그 얼마나
무서운 말인가!

2023. 12. 21.

인류의 가슴에 감동을 준 주님!

어느 추운 눈 내리는 겨울밤,
불을 막 끄고 잠을 청하려고 침대에 누웠는데
누가 사제관 문을 두드렸습니다.
귀찮은 생각이 들었습니다.
사제로 살아가는 내가 찾아온 사람을
그냥 돌려보낼 수 없었습니다.
불편한 마음으로 잠자리에서 일어나 문을 열었습니다.
문 앞에는 험상궂은 나병환자가
추워서 벌벌 떨며 서 있었습니다.
나병환자의 흉측한 얼굴을 보고 섬찟했습니다.
그래도 마음을 가라앉히고 정중하게 물었습니다.

"무슨 일로 찾아오셨습니까?"

"죄송하지만
몹시 추워 온 몸이 꽁꽁 얼어 죽게 생겼네요.
몸 좀 녹이고 가게 해 주시면 고맙겠습니다."

문둥병 환자는 애처롭게 간청을 했습니다.
마음으로는 솔직히 안 된다고 거절하고 싶었습니다.
하지만 사제의 양심에 차마 그럴 수가 없었습니다.
마지못해 머리와 어깨에 쌓인 눈을 털어주고
안으로 안내했습니다.

자리에 앉자 살이 썩는 고름으로 심한 악취가
코를 찔렀습니다.

"어떻게 식사는 하셨습니까?"
"아니요
벌써 며칠째 굶어 배가 등가죽에 붙었습니다."

나는 식당에서 아침식사로 준비해 둔
빵과 우유를 가져다 주었습니다.
문둥병 환자는 기다렸다는 듯이 빵과 우유를
게걸스럽게 다 먹었습니다.

식사 후 몸이 좀 녹았으니
나병환자가 나가주기를 기다렸습니다.
하지만 문둥병 환자는 가기는 커녕
기침을 콜록이며 오히려 이렇게 부탁을 했습니다.
"성도님! 지금 밖에 눈이 많이 내리고 날이 추워

도저히 가기 어려울 것 같네요.
하룻밤만 좀 재워주시면 감사하겠습니다."

"할 수 없지요. 누추하기는 하지만,
그럼 여기 침대에서 하룻밤 주무시고 가시지요."
마지못해 승낙을 했습니다.

염치가 없는 문둥병 환자에게 울화가
치밀어오는 것을 꾹 참았습니다.
혼자 살고 있어서 침대도 일인용 하나밖에 없었습니다.
침대를 문둥병 환자에게 양보를 하고
할 수 없이 맨바닥에 자려고 하였습니다.

밤이 깊어지자 문둥병 환자는 또다시 엉뚱한 제의를
해 왔습니다.
"성도님, 제가 몸이 얼어 너무 추워서 도저히
잠을 잘 수 없네요.
미안하지만 성도님의 체온으로 제 몸을 좀 녹여주시면
안 되겠습니까?"

어처구니없는 문둥병 환자의 요구에 당장 자리에
일어나 밖으로 내 쫓아버리고 싶었습니다.
그러나 예수님이 자신을 위해 희생하신

'십자가의 은혜'를 생각하며 꾹 참고
그의 요구대로 옷을 모두 벗어버리고 알몸으로
문둥병 환자를 꼭 안고 침대에 누웠습니다.
차마 상상치 못한 상황이 벌어진 것입니다.

일인용 침대라 잠자리도 불편하고
고약한 냄새까지 나는
문둥병 환자와 몸을 밀착시켜 자기 체온으로 녹여주며
잠을 청했습니다.
도저히 잠을 못 이룰 것 같다고 생각했지만
자신도 모르게 꿈속으로 빠져 들어갔습니다.

꿈속에서 주님께서 환히 기쁘게 웃고 계셨습니다.
"프란시스코야! 나는 네가 사랑하는 예수란다.
네가 나를 이렇게 극진히 대접했으니 하늘에
상이 클 것이다."
"아 주님! 나는 아무것도 주님께 드린 것이 없습니다."
꿈속에서 주님의 모습을 보고 깜짝 놀라 자리에
일어났습니다.

벌써 날이 밝고 아침이었습니다.
그러나 침대에 같이 자고 있어야 할 문둥병 환자는
온데 간데 없었습니다.

뿐만 아니라 고름냄새가 베어 있어야 할 침대에는
오히려 향긋한 향기만 남아 있을 뿐
왔다간 흔적도 없이 사라졌습니다.

"아! 그분이 주님이셨군요.
주님이 부족한 저를 이렇게 찾아 주셨군요.
감사합니다."
무릎을 꿇고 엎드렸습니다.

모든 것을 깨닫고 밤에 문둥병 환자에게 불친절했던
자신의 태도를 회개하며 자신과 같은 비천한 사람을
찾아주신 하나님께 감사기도를 올렸습니다.

이 기도가 바로 전 세계에서 가장 사랑받는
'프란시스코'의 〈평화의 기도〉입니다.

주님, 저를 평화의 도구로 써 주소서.

미움이 있는 곳에 사랑을,
다툼이 있는 곳에 용서를,
분열이 있는 곳에 일치를,

의혹이 있는 곳에 신앙을,

그릇됨이 있는 곳에 진리를,
절망이 있는 곳에 희망을,

어둠이 있는 곳에 빛을,
슬픔이 있는 곳에 기쁨을
가져오는 자가 되게 하소서.

위로받기 보다는 위로하며,
이해받기 보다는 이해하며,
사랑받기 보다는 사랑하게 하여 주소서.

우리는 줌으로써 받고,
용서함으로 용서 받으며,
자기를 버리고 죽음으로써,
영생을 얻기 때문입니다.

이 기도가 바로 전 세계에서 가장 사랑받는
'프란시스코'의 〈평화의 기도〉입니다.

2023.12.24.

Part 2

2024년
시

젊은 날의 짧은 소나기 같은 감정
이슬 한 방울
사랑은 영원한 것, 그래, 그렇지
막이 내린다, 종이 울린다
추억의 빈 의자
더 맑은 내일을 향하여
생사는 천직이니, 누구나 모두가 순직이다
찰나와 영원의 차이
우리 몸은 질그릇 작은 등잔 하나
무시무종은 신이다
촛불의 불꽃은 초의 영혼이다
같은 입, 같은 손인데 왜 다를까?
림보나마 감지덕지 아닐까?
…

폴리비지. 즉 정치꾼, 정치모리배

정치가란 정치를 하거나,
적어도 하려는 사람이라서
'폴리티시안'이라고 부르지만
정치를 내세워 돈을 긁어모으며
사리사욕만 채우는 자는
정치꾼, 정치모리배,
즉 '폴리비지'라고 한다

그는 썩은 정치가도 못되고
사업가는 더욱 아니다
두 가지를 마구 섞은 잡탕이다

입으로는 국민을 위하여
운운하지만
뒤로 몰래 챙기는 것은
오로지 자기 돈주머니 뿐이다

그러다가 수사를 받게 되면

정치탄압이라고 주장, 순교자 행세를 한다

피해는 국민이 받고
돈은 그가 홀로 냠냠이고
그는 영웅이 된다

무슨 수를 쓰든
최고 자리를 차지하기만 하면
모조리 무죄다
뭐든지 사면, 복권 아닌가?

2024. 1. 5.

젊은 날의 짧은 소나기 같은 감정

젊은 날에
남자가 여자에게 "너를 좋아해"라고
말하기 전에 한번은 좀 더 깊이 생각해보아야 했지
좋아하는 그 감정이
짧은 소나기 같은 것은 아닌지를

잠깐 사이에 헤어지고 나서
영영 다시 만날 길이 없다면
공연히 부끄러운 추억만 남길 바에야
좋아하는 감정도
홀로 가슴속에 묻어버리는 게
더 나았으리라

더욱이
사랑한다는 말은 하기 전에
두 번은 깊이 생각해 보아야겠지
사랑이란 장난일 수 없는 것,
피차 미래도 걸린 것이고

책임이 따르니 만큼
짧은 소나기 같은 감정이라면
역시 가슴속에 묻어두었어야 하리라

좋아하든 사랑하든 그 감정이란
젊은 날에는
소나기처럼 오락가락하게
마련이긴 해도
무책임하게 행동하고 나면
나중에 씁쓸한 후회의
쓸개를 오래 오래 핥으리라

좋아하든 사랑하든
젊은 날에는 특권이자 자유다
하지만 상대방에게나 자기에게나
깊은 상처를 추억으로 남기는 것은
참으로 애달픈 짓이리라
더없이 어리석은 짓이리라

돌이켜보면
젊은 날의 어리석은 짓이 떠오른다
한둘이 아니라 매우 부끄럽지만
이제 나이 팔십을 바라보며

후회한들 무슨 소용이겠나?

하지만 최소한 후회라도 하는 마음이야말로
아무리
짧은 소나기 같은 감정이라 해도
멀리 사라져버린 날들을 추억할 때
그나마 약간의 위로는 되리라
모두 다 부질없기는 해도…

           2024. 1. 13.

이슬 한 방울

풀잎 끝에 맺혀진
이슬 한 방울
무수한 나뭇잎에 매달린
이슬 한 방울
허공에 증발하든 땅에 떨어져 흙에 스며들든
결국 소리 없이 사라지는 것일 뿐

눈치 채는 사람도 없이
박수갈채도 없이
통곡 소리도 없이
조용히
화장터 연기만 피어오르고
만물은 다시금 제 각기
분주한 일상으로
적막세계로 돌아갈 뿐…

이슬 한 방울
증발하여 구름이 되고 비가 되어

모든 초목에게 생명, 번식을 선물하니
참으로 고마운 것이다
땅에 스며도 역시
생명, 번식의 원천이 되니
참으로 불가결한 것이다

이슬 한 방울
강물이 되고 바다가 되리라
무수한 영혼, 천사도 되리라
그리하여
주님의 뜻대로
무한한 공간 우주도 가득 채우리라
그리고 제 구실을 하리라
영원히, 영원히, 아멘.

2024. 1. 18.

사랑은 영원한 것, 그래, 그렇지

사랑은 영원한 것
그래, 그렇지
사랑이 영영 사라지고난 뒤
가슴속 여전히 울리는 메아리도
애절하게 소리 없이
영원한 것
그래, 그것도 그렇지

사랑이 없다면
무한한 우주도 쓸쓸한
허공일 뿐이리라
그래, 그렇지
저승도 삭막한 것이리라
그래, 그것도 그렇지

선행은 영원한 것
그래, 그렇지
우리가 비록 무에서 유를 창조할 수는

없다 해도
각자 가진 것이나마 어려운 이웃에게
베푸는 자선은 영원한 것
그래, 그거야말로 그렇지

자선을 베푼 사람은 가고
혜택 받은 사람도 간 뒤라 해도
자선의 향기는 영원히 남으리라
그래, 그렇지
암, 그렇고말고

2024. 1. 19.

막이 내린다, 종이 울린다

젊은 날 열심히 뛰어 일을 한 목표는
먹고살기에 충분한 연금과
넉넉한 자유시간의 확보였지
이제 인생의 목표가 달성되어
생활이 안정되었나 싶으니
청춘도 건강도 이미 사라지고 없다
돈은 반드시 쓸 데가 별로 없고
자유시간도 대개 지루하기만 하다

아니 이게 무슨 사는 꼴인가?
가난에 쪼들리고 배가 고파도
젊고 건강할 때가 차라리 좋았지!
살아 있는 맛도
살아가는 멋도 있었지!

인생무대에 어스름이 깔리고
막이 내리는 종소리가 크레센도로
점점 커질 때

돈이 무슨 소용이 있나?
자유는 또 무슨 보람을 주나?

세상만사가 새옹지마라면
전거복철의 반복인 바에야
각자의 일생이란
헛수고에 낭비되는 것이리라

이제 곧 밤이 오고
막이 내린다
쫑파티를 재촉하는 종이 울린다
퇴장할 시간이다
우리 공연시간은 끝났다
다음 팀이 올라온다
얼마 후에는 어김없이
그들 역시 공연시간이 끝나리라

아, 이승이 어이없는 비극이라면
저승은 지극히 난해한 희극이리라…
아멘, 아멘, 영원히 아멘!

2024. 1. 23.

추억의 빈 의자

예전이나 지금이나
의자는 변함없이 똑같은 것이지만
그대가 거기 앉아 있을 때는
말없이 마주 보기만 해도
만족과 행복의 샘이더니
그대 떠나고 난 뒤에는
텅 빈 의자일 따름이네
삭막한 빈 의자…
쓸쓸한 빈 의자…

아니, 그보다 더한 것은
그대가 영영 떠나고
다시는 돌아오지 못함을
확인시켜 주는 증표이니
바라볼 때마다
눈이 시리네
눈물마저 흘러내리네

차라리 보이지 않게
치워버릴까 하다가
그래도 그대가
한 때 앉았던 의자
그대의 몸은 떠났다 해도
영혼의 여운은 남아 있는 의자
두고 두고 그 자리에 머물러
우리 푸르던 날의 추억을
내내 지켜주기를!

            2024. 1. 25.

주님의 뜻대로, 그 사랑으로…,

우리가 이승에 태어난 것은
전지전능하신 주님의 뜻대로
그 사랑으로 이루어진 것이니,
한 세상 무사히 살아온 것도
주님의뜻대로, 그 사랑으로 이루어진 것이니
또한 정해진 때가 되어
이승을 떠나는 것도
주님의 뜻대로, 그 사랑으로 이루어지는 것이니
감사! 감사! 또 감사할 따름이다!

이별이란 어느 것이나 모두 슬픈 것,
더욱이 영별이란
한없이 더없이 슬픈 것이리라
하지만
슬픔은 인간적인 것이니
얼마든지 울어도 좋다
슬퍼서 우는 게 어찌 죄가 되랴?
한없이 슬프면 맘껏 통곡하라

인간이 슬퍼하는 것도
주님의 뜻대로, 그 사랑으로
엉엉 우는 것도
주님의 뜻대로, 그 사랑으로
건강도 병고도 모두 결국은
주님의 뜻대로, 그 사랑으로

세상만사, 빈부귀천, 흥망성쇠,
결국은 주님의 뜻대로, 그 사랑으로
아멘, 아멘, 또 아멘!

2024. 1. 29.

더 밝은 내일을 향하여

오늘은 비록 하늘에
먹구름 가득하다 해도
내일은 해가 온누리 비추고
오늘보다는 더 밝으리라

그러니까 오늘도
내일을 향하여
굿모닝, 커피!

오늘은 비록
진눈깨비가 쏟아진다 해도
내일도 꼭 그러하지는 않으리라
오늘보다는 더 밝으리라

그러니까 오늘도
내일을 향하여
굿모닝, 커피!

오늘은 오늘이고
내일은 내일이니
오늘 무소불악 하는 자들이
내일도 세상을 휘젓지는 못하리라
조금만 더 기다리고 나면
사필귀정을 보게 되리라

그러니까 오늘도
낙담할 거 없이 껄껄 웃으며
더 밝은 내일을 향하여
굿모닝, 커피!

2024. 2. 3.

생사는 천직이니,
누구나 모두가 순직이다

그는 평범한 무명인사다
하지만 가족의 일원으로
평생 열심히 일하다 갔다
가족을 위해 일하고 간 것이다
자기 직분을 다하고 갔으니
당연히 순직이다

또한 그는 사회의 일원으로
일하고 갔다
자기 직분을 다하고 갔으니
당연히 순직이다

사람은 누구나 세상에 태어나
한 평생 살다가 간다
생사 자체, 즉 인생 그 자체가
각자의 직분이자 천직이다
그러니 누구나 순직이다

이승의 삶이란 사람마다 다르고
천차만별이지만
저승 저 높은 데서 내려다 보면
아마도 그게 그거이리라
차이가 별로, 아니, 전혀 없으리라
그러니 모든 순직은
순직으로 인정되리라

이승에서 고생 많았지?
이제는 편안히 쉬어라
영원히 쉬어라
그렇게 위안을 받으리라
누구나 똑같이…

감사합니다!
아멘!!!

2024. 2. 4.

찰나와 영원의 차이

인간에게 한 평생 주어진 시간은 한순간,
즉 찰나일 뿐이고
신은 영원한 것이니
찰나와 영원의 차이는 무한한 것,
즉 차이가 아니라
차원이 전혀 다른 것이다

티끌이 쌓이면 태산이 되고
태산이 분해되면 티끌이 되는데
그 과정에는
장구한 시간이 필요할 뿐이다

눈이 쌓이면 만년설이나 빙하가 되고
만년설 또는 빙하가 녹으면
빗방울이나 눈이 된다

장구한 시간
찰나의 인간에게는 불가능하나

신에게는 그것조차 찰나일 뿐이다

한 마디로
그것은 차이가 아니라
차원이 전혀 다른 것이다
그 뿐이다

차원이 다르면
이해도 불가능하다
찰나의 존재가 영원을 이해하가란
아예 불가능하다

불가능한 것은
믿거나 말거나 하는 것이지만
구원의 희망을 품는 한
믿지 않을 수도 없는 노릇이다

그런 것은
영원 뿐만이 아니다
무에서 유를 만드는 창조,
생명의 기원,
사후의 존재,
영혼불멸

전지전능,
상선벌악…
모두가 차원이 전혀 다르니
이해는 불가능하고
믿을 수밖에 없는 것이다

세상의 모든 보물 가운데
가장 고귀한 것이 셋,
즉 신앙, 희망, 사랑인데
신앙은 모든 것의 기초이고
희망은 모든 것의 원동력이고
사랑은 모든 것의 완성이니
결국
차원이 다른 것은 무조건
믿을 수밖에는
달리 길이 없으리라

2024. 3. 11.

우리 몸은 질그릇 작은 등잔 하나

우리 몸은 질그릇
작은 등잔 하나
기름이 남아 있는 한
미소한 불꽃 하나 타오르고
생명은 이어지는 것

하지만 삶의 의욕이 사라지면
기름은 곧 바닥이 나버리고
불꽃도 꺼지고 만다

다시금
영원한 암흑으로 돌아가는
질그릇 작은 등잔 하나
불꽃도 없이
그냥 어둠 속에 버려지는 등잔

하지만
신앙의 불꽃은

결코 꺼지지 않으리라

영혼불멸과 부활
그 신앙, 그 희망을 품고 있는 한
불꽃은 다시 살아나리라

아무리 어둠이 짙다고 해도
무한하다 해도
사방에 광채를 발산하리라
참 사랑 안에서
영원히
밝게 타오르리라

2024. 3. 15.

무시무종은 신이다

유시유종
시작이 있으면 끝이 있다
사람은 누구나,
또한 생명체는 모두가 유시유종이다
출생이 있으니 죽음이 있다

사람만 그런 게 아니라
사람 사는 세상도, 세상만사도
역시
그러하다
그럴 수밖에는 없다

무시무종은 신의 차원이다
시작도 끝도 없으니 영원하다
사랑도 그러하다
특히 참 사랑은 영원한 것이다
그러니까
신은 사랑이다

아니, 사랑은 무시무종, 영원하니
사랑이 곧 신인 것이다

참 사랑을 평생 실천하는 사람은
신의 영역 안에서 산다
그러니 신과 같이 무시무종이다
죽음 없이 영원히 사는 것이다

2024. 3. 16.

기도하라, 기적을 믿어라

기도하라
그리고
기적을 믿어라

말기암 환자의 몸에서
암세포가 순식간에
봄에 눈 녹듯
말끔히 사라진다면
기적이라고 하리라

그런 기적은
오늘도 일어나지만
사람들이 모를 뿐이다

빈털터리가
백억 달러 로또에 당첨되어
벼락부자가 되면
그것도 기적이라 하리라

그런 기적은 로또가 지속되는 한
오늘도 일어나지만
사람들은 우연한 행운이라고 여길 뿐이다

무수한 살육과 온갖 범죄에도 불구하고
최후의 심판이 닥치지 않고
지구와 인류가
오늘도 무사하니
그 사실 자체는 참으로
기적 중의 기적이 아닌가?

그러니까 기도하라
그리고 믿어라 기적을
하늘의 무한한 자비도 믿어라
그리고 감사하라

기도, 믿음, 감사
바로 그것이야말로
유한한 인생에서 하찮은 인간이
하늘에 바칠 수 있는 제물,
가장 큰 제물,
유일한 기적의 제물이니!

2024. 3. 16.

촛불의 불꽃은 초의 영혼이다

초는 생명이 없는 고체이지만
촛불은 아름답다
그 불꽃은 초의 영혼이니
아무리 미약해도
온 세상을 태울 수도 있을 만큼 뜨거운
불꽃인 것은 틀림이 없다

어둠 속에 놓인 초는
스스로 타오를 수 없어
어둠 속에서 보이지도 않지만
사랑이 심지에 점화하면
불꽃이 광채를 발산한다

하지만 초에 불꽃을 일으켜
영혼을 줄 수 있는 것은
오로지 사랑의 열기,
참 사랑, 그 기운 뿐이다
초가 일단 타기 시작하면

모두 녹아 사라질 때까지
끊임없이 광채를 사방에 발산한다

아름다운 그 불꽃은
초의 영혼,
사랑으로 타오르는
오로지 사랑으로만 타오르는
살아있는 영혼이다

우리 몸은 초 한 자루이니
인생이란
무한한 어둠 속에서
광채를 발산하며 잠시
불꽃이 타오르는 기간,
초가 모두 녹이 사라질 때까지
그 기간일 뿐 아닌가?

2024. 3. 18.

같은 입, 같은 손인데 왜 다를까?

같은 입으로 하는 일인데
사랑해요 천 번 만 번보다
따뜻한 키스 한번이
더 감격스러운 까닭은 무엇일까?
더 오래 추억에 메아리치니 왜 그럴까?

같은 손이 하는 일인데
연서 천 번 만 번보다
슬플 때 외로울 때
다정하게 한번이라도 잡아주는 손이
더 감동적인 까닭은 무엇일까?
더 오래 추억을 훈훈하게 덥히니 왜 그럴까?

같은 사람이 베푸는 것인데
사후에 명복을 빌어주는 말
천 번 만 번보다도
생전에 대접받은 설렁탕 한 그릇이
더 고마운 까닭은 무엇일까?

저승길에서 보답이 더 크니
왜 그럴까?

참된 마음이 서로 통한다면
콩 알 하나를 나누어 먹어도
흉년을 무사히 넘기지만
참된 마음이 없다면
황금 한 가마가 있다 한들
던 하루 굶주림을
견디어 내기조차 매우 고달프리라

2024. 3. 28.

아뉴스 데이(Agnus Dei), 하느님의 어린양

오늘 세 사내가 십자가 처형을 당했다
둘은 강도였으니
자기 죄의 댓가를 치룬 것이지만
하나는 무죄한 예언자,
아뉴스 데이, 하느님의 어린양
인류의 죄를 짊어지고
자기 목숨을 바친 제물
역사상 최고의 희생양
나자렛 사람 예수였다

지상에는 죄가 넘치고도 남았다
노아의 홍수처럼,
소돔과 고모라의 멸망처럼,
하늘의 처벌이 임박했다
사람들은 본능적으로 대재앙을 예감했다
그래서 희생양이 절실히 필요했다
하지만 어디서 구할 것인가?
참으로 무죄한 희생양이란

언제나 어디서나 희귀한 것이다

그는 임박한 대재앙에서
인류를 구할 방법은 단 하나
즉 사랑이라고 가르쳤다
원수를 사랑하라! 보복하지 마라!
오른쪽 뺨을 때리면 왼쪽 뺨마저 내어주어라!
서로 사랑하라!
이웃을 네 몸처럼 사랑하라!

그리고 몸소 실천으로 모범을 보여주었다
십자가를 지고 가서 매달린 것이다
착한 사마리아인처럼
강도에게 당한 사람을 구출해준 것보다 더 고귀하게
자기 목숨까지 바친 것이다!

그 날 이후 2천여 년이 지난 오늘날
대재앙은 무엇일까?
극도의 증오가 초래하는 자멸,
핵전쟁일까?
극도의 이기주의와 근시안의 결과,
환경 파괴와 오염일까?

무엇인지는 모르지만
대재앙이 임박한 것은
인류가 본능적으로 예감한다
피할 방법도 안다
희생양이 일찍이 가르쳐 준 것,
사랑이다
하지만 말로만 요란하게 떠들지
실천은 없다

오늘도 예수는 필요하다
날마다 십자가에 매달려야 한다
사실 무명의 예수가 무수히
날마다 희생양이 되어 죽는다
그 덕분에 평온이 겨우 유지된다

2024. 3. 30. 성주간 토요일

림보나마 감지덕지 아닐까?

이승의 나그네 길이란
그 자체가 지상 림보였으니
지난 날 곰곰 되돌아보면
사후에 곧장 구원 받기란
아무래도 언감생심인듯 하니.
림보나마 허용된다면 감지덕지 아닐까?

이승에서 림보의 시련
이미 단단히 받았으면
사후 림보도 그럭저럭 견딜 만은 할까?
그것도 물론 가봐야만 알리라
림보가 지옥과 똑같이 가혹할지도 모르니
섣불리 쉽게 단정하기는 두려운 일일 테지

그러니 주님의 무한한 사랑을
무조건 믿자
무한한 자비에 전적으로 의탁하자
달리 무슨 길이 있겠는가?

있을 수가 있겠는가?

2024. 3. 31. 부활대축일

인생도 역사도 하루일 뿐일까?

낮이 되고 밤이 오니 그것이 하루다
어제는 영영 돌아오지 않는 것,
그것만은 확실하고 또 누구나 수긍한다

하지만 내일이란 누구에게나 언제나
반드시 찾아오는 것은 아니다
낮이 되고 또 밤이 올 따름이다

세상에는 거창한 일이 많다
대개는 그렇게 보이는 것 뿐이지만
사람들은 영문도 모른 채 놀라기만 한다

세상에는 또 대단한 인물 많기도 하다
거의 전부 어릿광대 쇼를 할 뿐이지만
사람들은 감탄, 칭송에 맹종까지 한다

모든 것은 지나가고
다시는 돌아오지 않는다

낮이 되고 밤이 오니 또 하루일 따름
인생이란 그런 것, 하루 같은 것일까?
인류 역사도 역시 그런 것은 아닐까?

누구나 다 알면서도 모른 척하고 산다
C'est la vie.
인생이란 역시 그런 것이리라
그럴 수밖에!

2024. 3. 31.

무한한 바다, 무수한, 생각의 바다…

앉으나 서나 누구나 걸어가든 멈추어서든
사람들 각자 머리 그 속은 무수한 바다
무한한 생각의 바다다
거리마다 어디나 바다는 무수하다

아득한 수평선까지 가득찬 파도
끊임없이 넘실대는 파도
각자 머릿속 그 바다도
생각으로 가득차 있고
생각의 파도는 끊임없이 출렁인다

생각이라…
일몰이 가까울수록 그림자가
더욱 길어지듯이
나이가 들수록 다가올 날들보다는
지나간 날들이 훨씬 많게 마련이고
생각은 결국 지난날의 반추이니

무미건조할 뿐 아닌가?
다 부질없는 것일 뿐 아닌가?

바다와 바다가 만나면 더 넓은 바다가 되고
파도와 파도가 합쳐지면
더 큰 파도가 되지만
머리와 머리가 부딪치면
맨땅에 헤딩하듯이
한쪽
또는 양쪽이 깨어지게 마련이니
길에는 해골의 무수한 파편이
즐비하리라

그러면 길이란 길은
더 편안해지기는커녕
날로 더욱 험난해지기만 하리라
생각의 바다는 인간을
우주에서 유일한, 가장 우수한 생물로
승격시켜주었는데
그 정도에서 만족, 행복을 누리기는커녕
가장 고달픈, 가장 비참한 존재로
스스로 전락하다니!
그러고 나서 날마다 메시아를 갈망하며

수천 년 동안 탄원하다니!

2024. 4. 13.

착각

착각을 했다
한 번도 아니고
하루에 두 번이나!
낮잠을 자다가 전화벨 소리에 깨어
밤으로 착각해서 상대방을 나무랐고
밤에는 오늘을 내일로 착각했다

나 자신의 오감,
직접 보고 듣고 느끼는 것은
절대적인 것, 확실한 것처럼 보이니,
그렇게 믿고 자신만만도 했지만,
꼭 그런 것은 결코 아니다

그러니까 화부터 내기 전에,
남 탓에 원망부터 하기 전에,
역지사지라도 한번 해보자
한 발 물러서 반성도 해보자
사실은 내가 틀린 게 아닌지…

2024. 4. 15.

어느 새 사라지는 꽃잎들 빗방울들

활짝 핀 꽃은 아름답다
향기도 풍긴다
유명, 무명, 어느 꽃이든 무슨 상관인가?

하지만 열흘도 못 가는 전성기
어김없이 지나면 어느새
꽃은 떨어지고
꽃잎들은 맥없이
바람에 흩날려 사라지게 마련인 것

하염없이 내리는 봄비
그 빗방울들도 어느새
제 각기 땅에 떨어져 스며든다

사라지는 것들…
서러워할 일만은 아니리라
어느 것이든 주어진 시간
지상에서 채우고 나면

미련 없이 떠나야만 하는 것,
당연히 사라지는 것이니

그것이 순리,
자연의 순리라는 것이리라
낡은 것이 가야만 빈자리 생기고
새싹이 곧 돋아나는 법이니

그렇게 생명은 이어지고
전능하신 분의 창조는 위대한
손길을 잠시도 멈추지 않는다

우리는 이 무한한 우주에서
한 점 티끌 같은 별
지구에 고작 순식간만 무임승차한
관광객일 뿐이니

꽃 한 송이와 뭐가 다른가?
빗방울 하나와 뭐가 다른가?

2024. 4. 16.

견해 차이가 아니라 인생관이 다르다…

일할 생각은 전혀 없고 밤낮 놀러 다니기만 하는
젊은 아들을 늙은 아버지가 호되게 꾸짖었다
젊을 때 일해서 노년기에 대비해야지!

아들이 코웃음 치며 대꾸했다
노는 것도 젊을 때 해야 제맛이라고요
늙으면 여행 다닐 힘도 없어요
젊어서 번 돈 늙어서 건강을 유지하느라
병원이나 건강식품회사에 모두 바칠 테고
결국엔 어차피 공수래공수거 할 바에야
젊을 때 맘껏 놀기라도 하는 게 인생의 보람
아니겠어요?
아버지 경우만 해도 젊어서 번 돈이 몽땅
병원과 건강식품 회사에 들어가잖아요!

늙은 아버지는 더 할 말이 없다
아들의 말도 일리가 있다고 인정하고
자기도 해외여행을 다니겠다고 결심했으나

때는 이미 늦었다
다리에 힘이 빠져서 마음대로 걸어 다니기조차
불편했다
무리하게 빨리 길을 건너다가 엎어져
코가 깨지는데 그쳐 다행이었다
하마터면 질주하는 택시 밑에 깔릴 뻔했다

철학 교수인 동창이 그를 놀려댔다
늙었으면 자기 주제를 알아야지
해외여행 좋아하네
뭐를 더 구경해서 그 나이에 뭐를 어찌하겠다는 거야?
그는 아무 대꾸도 하지 않았다
대꾸할 말이 없지는 않았지만
얼마 후 그 철학 교수가 한밤중에 심장마비로
타계했다는 부고를 동창회 소식지에서 보고는
혼잣말로 중얼거렸다

자기 주제 파악은 자기나 잘할 것이지
내일모레 망팔인데
부부관계는 아직도 여전히 정기적으로 즐긴다고
정력 자랑하더니만
고작 심장마비로 돌진했을 뿐이군!
부부관계는 젊었을 때 그만큼 했으면 됐지

이 나이에 더 해서 뭘 어쩌겠다는 거야?
이젠 집에 앉아서 한가로이
먼 산 바라보며 쉬기나 하지…

망팔에 급사라…
망구 망백 시대라 하니
애석한 요절일까, 다행한 천수일까?
그거야 본인도 모르리라
영영 모르리라

망백이 아니라
망천 시대가 온다고 한다
유토피아? 337박수?
어딜 가나 사람이 사하라사막의
모래알보다 더 많으니
지상은 문자 그대로
인간으로 뒤덮인 인간사막이 되리라

수백 명 압사는 한 줄 뉴스도 못되고
수천 명 질식사 정도라야 뉴스가 되리라
아이고 맙소사! 사람 살려!

2024. 4. 19.

신목, 즉 신의 눈초리

이승에 머무는 동안에도
저승에 들어간 뒤에
신목은 언제나 주시하고 있다
한순간도 중단 없이 주시하는
신의 눈초리

그것은 마음속뿐 아니라
영혼의 밑바닥까지
순식간에 꿰뚫어 보는
전지전능한 센서다

신의 기억, 신의 기록은 영원하다
전지전능한 것,
무한히 정의로운 것이다

지상에서 속임수가 제아무리
능수능란한들
신목을 속일 자는 없다

신의 눈초리 피할 영혼도 없다

이승에서 가장 무죄한 자마저도
신목의 센서 앞에서는
영혼이 벌벌 떨게 마련이다

하물며
세상을 속이고
거짓말 입버릇처럼 하던 자들이야!

2024. 4. 22.

환생보다 더 괴로운 일은 없다, 하지 마라

나자렛 예수가 세계 최대 IT 기업 회장으로 환생했다
-누가 네 왼뺨을 때리면 권총으로 그놈 다리를 쏘라
 정당방위다
-그건 예전 가르침과 정반대잖아요!
-그때는 그때고 지금은 지금이다
-왼뺨을 맞고 오른뺨을 내밀어서 그 사실이
 인터넷에 퍼지면 이 회사는 당장 파산이고
 너희는 모두 해고다 그래도 좋으냐?
-그, 그건 아닙니다
-왼뺨을 맞고 오른뺨을 내밀려고 한 게 아니라
 너무 아파서 고개를 돌렸을 뿐인데도
 오른뺨을 내주었다고 거짓 선전할 텐데
 실제로 그러면 SNS에 얼마나 신바람 나게
 과대 선전을 하겠느냐?
 거짓말은 일단 퍼지고 나면 주워 담을 수가 없다
 최후의 심판 때나 단죄될까…
 하지만 그때까지는 너무나도 긴 시간이다!
 그래서 거짓말은 사탄의 여의봉인 것이다

믿거나 말거나 사탄은 거짓말을 마구 뿌려댄다
밑천도 들지 않고 손해 볼 일도 전혀 없다
땅 짚고 헤엄치기다
백전백승, 천하무적이다
-대단하네요, 사탄이란 그자는…
-대단하지 대담하기도 하고
 전지전능한 신마저 대적했으니…
-그래서 영원히 단죄되었군요
-그건 자업자득이다
-그래도 사탄은 지옥, 즉, 자기 왕국은 확보했네요
-그건 고작해야 불구덩이 왕국일 뿐인데 뭐…
-싸늘하고 무한히 넓은 우주공간에서는
 불구덩이가 더 실용적인 게 아닐까요?
-왜? 가보고 싶나?
-갔다가 나올 수만 있다면…
-바로 그게 안 되니 문제다
-전지전능해도 안 돼요?
-안 되는 건 안 된다

환생보다 더 괴로운 건 없다
환생하지 마라
절대로!

2024. 4. 26.

허공을 잡고는 일어설 수 없다

허공은 허공일 뿐이니 손에 잡히는 게 있을 리 없다
지팡이도 기둥도 아니니
지팡이처럼 짚을 수도 없고
기둥처럼 기댈 수도 없다
허공은 그냥 허공일 뿐이다

돈, 재산, 권력, 지위, 훈장…
누구나 탐내는 것, 하나같이 모두 허공일 뿐
지팡이도 기둥도 아니다
인기, 명성, 명예…
역시 허공일 따름이니
지팡이도 기둥도 아니다

2024. 5. 17.

모든 영혼은 평등하다

모든 영혼은 평등하다
전지전능하신 주님 앞에서는
이승의 빈부귀천은 사라지고
그 기억조차 남을 리 없다

영혼은 원래 주님에게서 나온 입김이니
설탕이 물에 녹듯이
이승에서 해방되자마자
영혼은 주님의 생명 안에 녹아 하나가 되고
주님의 자비 안에서
영원한 안식을 누리리라

드디어 아버지의 집에 돌아갔으니
비로소 참된 자녀가 되리라

2024. 5. 23.

포도주와 사람

오래될수록
포도주는 더욱 귀하게 취급되고
사람은 더욱 천시된다

사람은 신이 창조하는 것이고
포도주는 사람이 제조하는 것
그뿐이니 세상이 거꾸로 되었다
무엇이 잘못인가?
사람들의 보는 눈이 멀었거나 잘못되었다

> 2024. 5. 25.

《조선일보》 인터뷰 2021년 4월 24일

시인 50년, 외교관 30년, 번역 40년…
"이젠 돈 안 되는 책 만듭니다"

> 칠십 평생 직업만 다섯 개
> **이동진 전 대사가 사는 법**

벽마다 책장으로 둘러싸인 집은 어두컴컴했다. 책 놓을 곳이 없어 화장실까지 책을 쌓았다. 전직 외교관이자 시인인 이동진(76) 전 대사의 집이다. 수천 권의 책들로 가득 찬 집의 한구석엔 직접 쓴 시집과 소설책, 번역서 120여 권을 모아 놨다. 이 전 대사는 "책이 많으니까 자연스럽게 방음이 돼서 바깥 소리가 안 들린다."며 웃었다. "여름엔 무지무지 시원해서 에어컨 틀 필요가 없고요. 책이 방음·방열도 해주니 보통 좋은 게 아니죠."

이 전 대사는 관가에서 '여러 개의 삶을 사는 사람'으로 알려진 괴짜다. 신부가 되기 위해 신학교에 들어갔다가 성균관대 영문과, 서울대 법대까지 학부만 세 군데를 입학했다. 외교관·시인·소설가·번역가·출판사 대표까지 거쳐 온 직업도 여럿. 서울대 법대 시절, 박두진 시인의 추천을 받아 '현대문학'으로 등단했다. 외무고시 합격 후엔 일본·이탈리아·바레인·네덜란드·벨기에 등을 거쳐 주나이지리아 대사를 역임했다.

시인 50년, 외교관 30년, 번역 40년… "이젠 돈 안되는 책 만듭니다"

이동진 전 대사는 "돈 안 벌려도 내가 내고 싶은 책 마음대로 내며 살고 있다"면서 "외교관 시절 모은 돈을 다 깍아먹고 있다"고 말했다.

　30년 넘게 외교관으로 일하면서 움베르토 에코의 소설《장미의 이름》등을 번역하기도 했다.《장미의 이름》은 1986년 이 전 대사가 번역한〈우신사〉버전과 이윤기 번역의〈열린책들〉버전으로 출간됐다가〈우신사〉출간본은 절판됐다. 한국화가 황창배는 이 전 대사의 시를 자신의 그림에 넣었고, 소설집《우리가 사랑하는 죄인》은 KBS 미니시리즈로 제작됐다. 2000년 은퇴 후엔〈해누리〉출판사를 차렸다.

― 도대체 직업이 몇 개인가요?
"30년 넘게 외교관 생활한 것 말곤 직업이라 할 수 없죠. 시나 소설은 원고료도 제대로 못 받았고, 순전히 취미 활동이라 직업이라 하기 어려워요.(웃음)."

― 취미라기엔 시집을 20권 넘게 냈던데요. 대학생 때 첫 시집을 낸 건가요.
"법대 다닐 때 박두진 시인 추천으로 내 시가 현대문학에 실리기 시작했어요. 당시엔 세 번 추천을 받아야 등단이 되는데, 연말이 될 때까지 소식이 없더라고요. 그래서 내가 참지 못하고 자비로 책을 냈지요. 그게 첫 시집 '한의 숲'입니다. 그리고 박 시인 댁에 찾아가 책을 드렸죠."

> 시로 등단한 법대생 외무고시 덜컥 합격해
> 나이지리아 대사까지
> 《장미의 이름》 번역도 이윤기보다 앞섰죠
> 베스트셀러는 의미 없어 삶에 도움 되는 책 낼 것

― 당시엔 발칙한 일이었겠네요.
"'왜 빨리 등단 안 시켜주느냐'는 뜻이었으니 반란이나 마찬가지였죠. 박두진 시인이 화가 나서 커피 한 잔 딱 놓고 떡도 하나 안 주시더라고요.(웃음). 그래도 그다음 해에 세 번째 시가 현대문학에 실렸습니다."

- 지금이야 자비출판이 흔하지만 그땐 어려웠을 텐데요.

"당시엔 출판이 등록제가 아니라 허가제였어요. 암흑시대였죠. 출판사는 알음알음 소개받았는데, 돈이 문제였어요. 한정판 500부를 찍는데 40만원이 들었어요. 월급이 9,000원 할 때였으니까 어마어마한 제작비를 들인 거죠. 그래서 책값도 1200원, 커피 한 잔 35~40원 할 시절에, 아무나 살 수 없는 책이었죠."

- 시 쓰는 법대생이었는데 어떻게 외교관이 되었나요.

"법대에 가고 싶어서 간 게 아니에요. 신학교 다니다 적성에 안 맞아 성균관대 영문과로 편입했는데, 먹고살기도 어려운 집안이라 도저히 등록금 낼 방법이 없어 다시 서울대로 갔죠. 서울대 등록금은 사립의 3분의 1이었으니, 그러다 친구들은 전부 사법시험 공부한다고 절에 가고, 캠퍼스에 사람이 없었어요. 사법시험만 시험이냐 싶어서 난 외무고시 시험을 봤죠. 두 달 공부해서 합격했어요."

- 외교관 생활은 일본에서 시작했더군요.

"지금은 일본이 선호 지역이라는데 그땐 아니었어요. 조총련게가 워낙 셌던 시절이라 술집에서 한국말도 못했어요. 일본에서 한국어 쓰면 조총련이 잡아간다고 반공교육까지 시켰거든요. 그래서 하네다 공항에 내려서 아내랑 서로 영어로 대화했어요(웃음)."

- 주나이지리아 대사를 역임할 때 아프리카 여행기를 쓰셨습니다. 아프리카에서의 근무는 어땠나요.

"풍토병이 굉장히 위험하죠. 악성 습진 같은 피부병에 걸려 최근까지 고생했어요. 온몸에 비늘이 생긴 듯 가렵고, 재외공관장 초청 만찬을 가면 대통령이랑 악수해야 하는데 정말 곤란하더라고요. 손등까지 피부병이 다 덮여 있으니, 멀쩡한 손가락 몇 개만 내밀어서 악수했죠."

- 그럼 총 몇 개 언어를 구사하는 건가요.

"영어랑 일본어는 불편함 없이 쓰고요. 신학교에서 라틴어를 배웠기 때문에 프랑스어, 이탈리아어는 쉽게 익혔어요. 칠십 넘어서는 중국어를 배우고 있습니다."

- 그 연세에?

"표현이 굉장히 풍부해서 시를 쓰기에 참 좋은 언어더라고요. 또 고전의 중국어와 현대 중국어가 워낙 달라서 현대 중국어만 배운 사람은 고전을 읽을 수가 없겠더라고요."

- 《장미의 이름》은 어떻게 번역하게 된 건가요.

"바레인에서 참사관으로 근무할 때인데, 《장미의 이름》영어판을 읽고 '이 책이다' 싶었죠. 당시 알고 지내던 출판사 사장에게 번역료 안 받아도 되니까 출판만 해달라고 부탁했어요. 나중엔 《장미의 이름》을 놓고 두 출판사가 서로 출판하겠다고 싸움이 붙기도 했고."

— 결국 이윤기 번역본만 살아남았습니다.

"섭섭했지만 할 수 없죠. 그전까진 판권이 없어도 번역할 수 있었지만, 1995년 세계무역기구(WTO)의 지식재산권 협정이 발효되고부터는 판권을 사야 출판할 수 있었으니까, 소설 안에 아랍어, 프로방스어, 독일어가 섞여 있어서 번역하느라 고생 엄청 했는데."

— 또 어떤 책들을 번역했나요.

"《반지의 제왕》 당시엔 《꼬마 호비트의 모험》과 《마술 반지》라는 제목으로 나왔죠. 성바오로출판사라고 수녀님들이 하는 출판사에서 저한테 번역을 의뢰하길래 제가 신신당부했어요. 외국에 가서라도 번역을 계속할 테니 지식재산권협정이 발효되기 전에 이 판권을 잡아라. 그렇지만 결국 다른 출판사에 뺏겼죠."

그는 지난해 등단 50주년을 맞아 《얼빠진 세상》과 《얼빠진 시대》라는 풍자 시집을 출간했다. '개 같은 대통령들' '개만도 못한 대통령들' '개보다 더한 대통령들'이라는 시가 연이어 실렸다. 1970년대부터 1990년대까지 대통령들을 가리지 않고 비판했다. "개처럼 생긴 지도자들을 보고 모두 웃는다./허리를 잡고 웃어댄다./그런 지도자를 모시는 자기 자신이/개만도 못하다는 사실에 절망하기 때문이다."

― 표현이 상당히 직설적인데 반응은 어땠나요.

"화제가 되면 시집이 엄청나게 팔릴 거라 기대했는데 일주일 지나도 아무 소식이 없어 실망했죠(웃음). 대통령들이 구체적으로 누군지 쓰지 않아서 그런가."

― 지금 대통령으로 다시 시를 쓴다면요?

"글쎄요. 상대할 가치가 없어서…."

― 시집 말고는 고전을 많이 번역했더라고요.

"톨스토이가 쓴 복음서를 번역했고요. 성경 읽을 때 도움 될 만한 고대 문서들을 모아《제2의 성서》는 참고서 같은 책이죠. 출판사를 해보니 좋은 책 내고 싶은 사람은 돈이 없고, 돈 있는 사람은 좋은 책에 관심이 없더군요."

― 좋은 책의 기준이 있나요.

"인생을 살아가는 데 도움이 되는 책. 베스트셀러는 나한테 의미가 없어요. 많은 사람이 꼭 읽어야 한다는 생각도 없고."

― 은퇴 후 인생을 고민하는 분들께 조언하신다면.

"각자에게 운명의 길이 있다고 믿어요. 저는 어쩌다 외교관의 길로 잘못 들어섰죠. 지금 누가 100평짜리 집을 지어준대도 내겐 책에 둘러싸인 이 집이 딱 좋아요. 각자 자기한테 맞는 길 찾아가면 그게 천국이고 행복이죠."

백수진 기자

이동진 작가 연보

이동진 작가 연보

1945년	황해도 신천군 남부면 비봉리 출생
1948년	서울 거주(영등포구 상도동)
1950년	대구 거주(대명동 피난민촌)
1952년	대구 복명초등학교 입학
1955년	서울 강남초등학교 전학(상도동)
1961년	경기중학교 졸업(2월)
	시 〈나는 바다로 가지 않을 테야〉 발표(2월, 교지 "경기" 제2호)
1964년	성신고등학교 (소신학교) 졸업
1964년	가톨릭대학 (신학교) 철학과 입학
1965년	성균관대학교 영문과 2학년 편입
1966년	서울대 법과대학 법학과 입학
	시 〈'앙젤루으즈'를 울리라는〉 발표, 서울대 교지 大學新聞 (8.29.)
	시 〈갈색 어항 속의 의식〉 발표, 대학신문(11.7)
1967년	단편소설 〈위선자, 그 이야기〉 발표(10월, 법대 교지 Fides)
	시 〈10월의 대지-광시곡 1〉 발표, 대학신문(10.2.)
1968년	단편소설 〈최후 법정〉 발표(2월, Fides)
	학훈단 (R.O.T.C.) 간부 후보생(3월)
	『가톨릭시보』 현상문예작품모집 시 당선(10월)
1969년	시 〈韓의 숲〉 발표(현대문학 5월호)
	제2회 외무고시 합격(6월)
	학훈단 (R.O.T.C.) 간부 후보생, 폐결핵으로 제적(8월)
	외무부 근무 개시 (9월, 외무사무관)
	시 〈눈물〉 발표, 대학신문(6.2.)
	시 〈지혜의 뜰〉 발표, 대학신문(9.1.)
	시 〈비극의 낙엽을 쓸어내는 시간〉, 대학신문(12.15.)
	제1 시집 《韓의 숲》 발간(12월, 지학사)
1970년	〈현대문학〉 시 추천 3회 완료로 등단(2월, 추천위원 박두진)

　　　　　　서울대 법과대학 법학과 졸업(2월)
　　　　　　서울대 경영대학원 입학(3월)
　　　　　　월간 상아(象牙) 창간, 편집장(6월, 발행인: 나상조 신부)
1971년　　월간 상아 폐간(2월, 발행인이 교회 내부 사정으로 사퇴)
　　　　　　극단 〈상설무대〉 창단, 극단 대표(3월)
　　　　　　제2 시집 《쌀의 문화》 발간(5월, 삼애사)
　　　　　　희곡 〈베라크루스〉 공연 (6월, 극단 상설무대, 혜화동 소재 가톨릭학생회관)
　　　　　　희곡 〈써머스쿨〉 공연(11월, 극단 상설무대, 가톨릭학생회관)
1972년　　주일대사관 근무(2등서기관, 영사)
　　　　　　희곡 〈금관의 예수〉 공연(2월~3월, 극단 상설무대)
　　　　　　– 서강대학교 캠퍼스 야외 초연(2월), 서울 드라마센터 공연 이후
　　　　　　1개월간 전국 순회공연 실시
　　　　　　– 관련 기사 : 가톨릭시보(3.12.), "풍자극 금관의 예수, 위선적
　　　　　　그리스도인을 질책", 유치진 연극평 "간결해도 깊은 우수작,
　　　　　　격하돼가는 교회 신랄히 비판"
　　　　　　극단 〈상설무대〉 해산(12월)
1976년　　외무부 아주국 동북아1과 근무(2월, 외무서기관)
　　　　　　장편소설 《그림자만 풍경화》 출간(11월, 세종출판공사)
1977년　　희곡집 《독신자 아파트》 출간(3월, 세종출판공사)
　　　　　　희곡 〈카인의 빵〉 공연(6월, 충남대 한밭극회)
　　　　　　희곡 〈독신자 아파트〉 공연(12월, 강원대 극단 영그리 26)
1978년　　외무부 법무담당관(3월), 행정관리담당관(9월)
　　　　　　제3 시집 《우리 겨울 길》 출간(3월, 신서각)
　　　　　　번역 《나를 찾아서》 출간(9월, 웨인 W. 다이어, 자유문학사)
　　　　　　번역 《버찌로 가득 찬 세상》 출간(12월, 에마 봄베크, 자유문학사)
　　　　　　기증: 극단 "연우무대"에 연극관련 외국어 서적 200여권 기증(12월)
1979년　　번역 《미래의 확신》 출간(1월, 허먼 칸, 자유문학사)
　　　　　　제4 시집 《뒤집어 입을 수도 없는 영혼》 출간(1월, 자유문학사)
　　　　　　희곡 〈자고 니러 우는 새야〉 발표 (1월, 심상사, 별책 부록)
　　　　　　인터뷰: 경향신문(1.10.), "시집, 희곡집, 번역서 등 출간"
　　　　　　희곡 〈배비장 알비장〉 공연 (3월~4월, 극단 민예, 이대 앞 민예극장)
　　　　　　인터뷰: 일간 스포츠(4.21.), 선데이 서울(5.6.)
　　　　　　희곡집 《당신은 천사가 아냐》 출간(3월, 심상사)
　　　　　　희곡집 《참 특이한 환자》 출간(3월, 심상사)
　　　　　　주이탈리아 대사관 근무 (4월, 참사관)
　　　　　　번역 《왜 사는가 왜 죽는가》 출간(9월, 존 포우웰, 자유문학사)

1980년	제5 시집 《꿈과 희망 사이》 출간(5월, 심상사)
	번역 《하느님, 오, 하느님》 출간(8월, 존 포우웰, 지유문학사)
1981년	이탈리아어로 번역된 시 5편 특집 게재(문학 및 정치평론 월간지 L'Osservatore Politico Letterario, 1월호)
	– 관련 기사: 한국일보 및 일간스포츠(2.27.); 서울신문 및 경향신문(3.3.); 조선일보(3.5.); 문학사상 4월호
	제6 시집 《Sunshines on Peninsula》 출간(3월, Pioneer Publishing Co., LA)
	번역 《왜 사랑하기를 두려워하는가》 출간(4월, 존 포우웰, 자유문학사)
	국제극예술협회(I.T.I.) 마드리드 총회, 한국대표단 참가(6월)
	이탈리아 시인 쥬세페 롱고(Giuseppe Longo)의 시 5편 번역 발표 (심상, 7월호)
	기행문집 《천사가 그대를 낙원으로》 출간(이탈리아 및 유럽 기행문집, 9월, 우신사)
	주바레인 대사관 근무 (9월, 참사관)
	개인 영어 시화전 개최 (10월, 장소: 로마 Galleria Astrolabio Arte)
1982년	인터뷰 : 바레인 영어일간지 Gulf Daily News(6.2.), 영역 시 3편 게재
	번역 《악마의 사전》 출간(9월, 앰브로즈 비어스, 우신사)
	번역 《교황님의 구두》 출간(11월, 모리스 웨스트, 우신사)
	바레인 시인 이브라힘 알 아라예드(Ibrahim Al Arrayed) 대사의 詩論 "컴뮤니케이숀의 단계, 시인과 수학자" 번역 발표(심상, 11월호)
1983년	사우디 아라비아 시인 가지 알고사이비(Ghazi A.Algosaibi) 대사의 시집 "동방과 사막으로부터" 번역 발표(심상, 4월호.)
	번역 《악마의 변호인》 출간(6월, 모리스 웨스트, 우신사)
	제7 시집 《신들린 세월》 출간(7월, 우신사)
1984년	단편소설 〈자유의 대가(代價)〉 발표(주부생활, 3월호)
	희곡 〈배비장 알비장〉 공연(12월, 극단 노라)
1985년	제8 시집 《Agony with Pride》 출간(1월, Al Hilal Middle East Co.Ltd., Cyprus)
	– 관련 기사: 코리아 헤랄드(2.20.), 코리아 타임즈(2.26.)
	인터뷰: 경향신문(3.15.), 조선일보(3.19.)
	단편소설 〈허망한 매듭〉 발표(소설문학, 2월호)
	단편소설집 《로마에서 띄운 작은 풍선》 출간(5월, 자유문학사)
	– 관련 서평: 주간 조선(10.13.)
	사진집 《Rhapsody in Nature》에 영역 시 10편 발표(9월, 서울국제출판사)
	인터뷰: 소설문학(10월호), "외교관 작가"
	번역 《예수님의 광고술》 출간(11월, 브루스 바톤, 우신사)

1986년	번역 《매디슨카운티의 추억》 출간(2월, 제이나 세인트 제임스, 문학수첩)
	번역 《장미의 이름으로》 출간(3월, 움베르토 에코, 우신사, 국내 최초 번역)
	하버드대 국제문제연구소 연구원(Fellow), 외무부 파견 연수(6월)
	제9 시집 《이동진 대표시 선집》 출간(8월, 동산출판사)
	제10 시집 《마음은 강물》 출간(8월, 동산출판사)
	제8 시집 《Agony with Pride》 국내 출간(8월, 서울국제출판사)
	번역 《이탈리아 민화집》 출간(10월, 이탈로 칼비노, 샘터사)
	번역 《덴마크 민화집》 출간(12월, 스벤트 그룬트비히, 샘터사)
	번역 《하느님의 어릿광대》 출간(12월, 모리스 웨스트, 삼신각)
1987년	뉴질랜드 시인 루이스 존슨(Louis Johnson) 의 시 5편 및 미국 여시인 패트리셔 핑켈(Patrisia Garfingkel)의 시 7편 번역 발표(심상, 2월호)
	주네덜란드 대사관 근무(6월, 참사관)
	희곡 번역: 빌 C.데이비스 작, 매스 어필(Mass Appeal), 극단 바탕골 창단기념 공연(9월)
1988년	번역 《아버지에게, 아들에게》 출간(5월, 엘모 줌발트 2세, 삼신각)
	인터뷰: 네덜란드 격월간지 Driemaster(5월호)
	제11 시집 《객지의 꿈》 출간(8월, 청하사)
	제12 시집 《담배의 기도》 출간(11월, 혜진서관)
1989년	영역 시 11편 발표(Korea Journal, 5월호, 7월호)
	장편소설 《우리가 사랑하는 죄인》 출간(5월, 삼신각)
	– KBS TV, 12부작 미니시리즈로 제작, 1990.8~10.방영, 1991.2. 재방영
	인터뷰 특집: 주간조선(8.6.), "인간 내면과 공직 수행"
	중편소설 〈암스텔담 공항〉 발표 (민족지성, 10월호)
	중편소설 〈펭귄과 갈매기의 대화〉 발표 (민족지성, 12월호)
	희곡 〈금관의 예수〉, 한국 희곡작가 협회, "1989년도 연간 희곡집"에 수록
1990년	제13 시집 《바람 부는 날의 은총》 출간(1월, 문학아카데미)
	주일 대사관 근무 (3월, 총영사)
	번역 《무자격 부모》 출간(5월, 삼신각)
	번역 《중국 황금살인 사건》 출간(7월, 로베르트 반 훌릭, 삼신각)
	대담 특집 : 일본 마이니찌 신문 논설부위원장과 대담(언론과 비평, 8월호)
	인터뷰 특집: 일본의 인기가수 아그네스 챤이 취재 (일본 월간지 "家庭の友", 10월호)
	인터뷰: 시사 저널(10.4.), "우리가 사랑하는 죄인 소설의 원작자"
	– 관련 기사: 일간스포츠(8.2.); 조선일보(8.22.); 국민일보(9.2.)
	장편소설 《민주화 십자군》 출간(11월, 삼신각)
	제14 시집 《아름다운 평화》 출간(12월, 언론과 비평사)
	희곡 〈베라크루스〉, 한국 희곡작가 협회, "1990년도 연간 희곡집"에 수록

1991년　희곡 〈베라크루스〉 발표(월간 민족지성 1월호)
　　　　　인터뷰: 일본 일간지 東洋經濟日報 (7.26.)
　　　　　희곡집 《누더기 예수》 출간(8월, 동산출판사)
　　　　　– 관련 기사: 동아일보(8.8.), "희곡 금관의 예수 원작자"; 가톨릭신문(9.1.)
　　　　　인터뷰: 국민일보(8.17.), "문화 외교, 희곡 금관의 예수";
　　　　　일간스포츠(8.19.) ; 코리아 타임즈(8.22.)
　　　　　번역 《꼬마 호비트의 모험》 출간(8월, J.R.R.톨키엔, 성바오로출판사)
　　　　　주벨기에 대사관 근무(9월, 공사)
　　　　　번역 《귀향》 출간(11월, 앤 타일러, 삼신각)
　　　　　번역 《이런 사람이 무자격 부모다》 출간(12월, 수잔 포워드, 삼신각)

1992년　세계시인대회 (벨기에 리에쥬), 한국대표로 참가(9월)
　　　　　– 주제 발표:한국 시의 현황
　　　　　번역 《성난 지구》 출간(10월, 아이작 아시모프, 삼신각)
　　　　　번역 《마술반지(1)》 출간(11월, J.R.R. 톨키엔, 성바오로출판사)

1993년　번역 《꼬마 호비트의 모험》 출간(2월, 톨키엔, 성바오로출판사)
　　　　　인터뷰: 국민일보(2.2.), "문화 알려야"
　　　　　국방대학원 안보과정, 외무부 파견 연수(2월)
　　　　　– 논문 "미국 신행정부의 대한 외교정책 연구" 발표
　　　　　인터뷰: 주간조선(3.4.), "외교관 시인"
　　　　　제15 시집 《우리가 찾아내야 할 사람》 출간(3월, 성 바오로 출판사)
　　　　　인터뷰 특집: 월간 퀸(4월호), "금관의 예수 원작자"
　　　　　인터뷰: 스포츠서울(8.4.), "현직외교관 47권 출간"
　　　　　인터뷰: 주간여성(8.26.), "이런 남자"
　　　　　외무부 외교안부연구원 근무(12월, 연구관)

1994년　번역 《숨겨진 성서 1, 2, 3(전 3권)》 출간(1월, 3월, 윌리스 반스토운, 문학수첩)
　　　　　번역 《마술반지(2)》 출간(1월, 톨키엔, 성바오로출판사)
　　　　　수필 〈동숭동 캠퍼스의 추억과 나의 길〉 발표(1월, 서울대 법대 동창)
　　　　　수상록(2) 하늘이 무너져도 정의는 세워라, 경세원)
　　　　　번역 《희망의 북쪽》 출간(2월, 존 헤슬러, 우리시대사)
　　　　　번역 《일본을 벗긴다》 출간(5월, 가와사키 이치로, 문학수첩)
　　　　　번역 《Starlights of Nirvana》(석용산 시선집 "열반의 별빛") 영역 출간
　　　　　(12월, 문학수첩)

1995년　번역 《지상 60센티미터 위를 걸으며》 출간(3월, 미국 시인협회 회장
　　　　　제노 플래티 시집, 책만드는 집)
　　　　　대구시 국제관계 자문대사(4월)
　　　　　중편소설 〈추억의 유전〉 발표(계간 작가세계, 95. 여름호)

번역 《공포 X 파일》 출간(7월, 추리단편선, 문학수첩)
번역 《괴기 X 파일》 출간(7월, 추리단편선, 문학수첩)
제16 시집 《오늘 내게 잠시 머무는 행복》 출간(10월, 문학수첩)
칼럼 연재 : 동아일보, "이 생각 저 생각" 주간연재(1월~4월)
매일신문, "매일춘추" 주간연재(5월~6월)
주간 불교, "세간과 출세간 사이" 주간연재(6월)
라디오 대담: MBC-FM, "여성시대"(11.25. 사회: 손숙)

1996년 번역 《에로 판타지아 1, 2 (전2권)》 출간(1월, 단편소설집, 문학수첩)
번역 《매디슨 카운티의 다리, 그 추억》 출간(2월, 제이나 세인트 제임스, 문학수첩)
라디오 대담: KBS 제2라디오(2.1.), "한밤에 만난 사람 대담"(사회: 박범신)
교통방송(2.27.), "임국희 대담, 라디오광장"
번역 《학교에서 일어나는 폭력문제》 출간(3월, 단 올베우스, 삼신각)
주나이지리아 대사 부임(3월), 주시에라 레온, 주카메룬, 주챠드 대사(겸임)
시집 〈Agony With Pride〉 서평, 나이지리아 일간지 The Guardian(10.14.)
시 "1달러의 행복" 영역 발표, 나이지리아 일간지 The Guardian(12.19.)

1998년 시 "1달러의 행복" 발표(월간조선, 2월호)
제17 시집 《1달러의 행복》 출간(4월, 문학수첩)
제18 시집 《지구는 한방울 눈물》 출간(4월, 동산출판사)
- 관련 기사: 중앙일보(4.28.), "현직 외교관이 펴낸 두 권의 시집"
가톨릭신문(5.17.), "일상 소재 121편 소박한 시 담아"
중앙일보(7.9.), "한국문학 세계로 날개짓"
한국일보(7.15.), "한국문학 유럽에 번역 소개"
해누리기획 출판사 공동 설립에 참여(9월)
번역 《예수 그리스도 제2복음》 출간(12월, 조제 사라마고, 문학수첩)

1999년 외교통상부 본부 대사(1월)
번역 《바로 보는 왕따: 대안은 있다》 출간(2월, 단 올베우스, 삼신각)
희곡 《Jesus of Gold Crown》(금관의 예수) 영역 출간(3월, Spectrum Books Ltd., Nigeria)
기행문집 《아웃 오브 아프리카》 출간(8월, 모아드림)
- 관련 인터뷰: KBS제1라디오 (8.28.); KBS 라디오, 봉두완 (8.30.); SBS라디오(8.31.); SBS라디오 이수경의 파워(9.5.)
제19 시집 《Songs of My Soul》 출간(10월, Peperkorn Edition, Germany)
번역 《The Floating Island》(김종철 시선집 "떠도는 섬") 영역 출간(12월, Peperkorn Edition, Germany)
희곡 〈딸아, 이제는 네 길을 가라〉 발표(화백문학 제9집, 99년 하반기호)
라디오 대담: 이케하라 마모루(맞아죽을 각오로 쓴 한국, 한국인 저자)와

　　　　　한일관계 대담 1시간, 기독교방송(8.13.)
　　　　　칼럼 연재: 가톨릭신문, "방주의 창"(9월~12월)
　　　　　인터뷰: 중앙일보(11.4.), "이득수 교수 공동 인터뷰",
　　　　　조선일보(11.8.), "한국시 라틴문학론으로 포장해 유럽수출",
　　　　　동아일보(11.9.), "한국문학 유럽에 소개; 교수-대사 의기투합"
2000년　평저《에센스 삼국지》출간(2월, 해누리출판사)
　　　　　번역《The Sea of Dandelions》(이해인 시선집 "민들레의 바다") 영역
　　　　　출간(2월, Perperkorn Edition, Germany)
　　　　　번역《아담과 이브의 생애》출간(5월, 고대문서, 해누리출판사)
　　　　　대담: 평화방송 TV (6.26.), 방영 1시간, 김미진 대담, 5회 방영
　　　　　인터뷰: KBS라디오(6.29), 방송 40분, 2회 방송, "나의 삶, 나의 보람",
　　　　　최영미 아나운서 대담
　　　　　외교통상부 퇴직 (7월)
　　　　　- 관련 기사: 매일신문, 연합통신, 대한매일, 한국일보(6.26.),
　　　　　뉴스피플(6.28.), "자동퇴직에 항의"
　　　　　번역《예수의 인간경영과 마케팅 전략》출간(10월, 브루스 바톤,
　　　　　해누리출판사)
　　　　　번역《예언자》출간(10월, 칼릴 지브란, 해누리출판사)
2001년　해누리출판사 인수, 발행인(1월)
　　　　　번역《걸리버 여행기》출간(1월, 조나탄 스위프트, 해누리출판사)
　　　　　희곡〈가장 장엄한 미사〉발표(화백문학 제11집, 2001년 상반기 호)
　　　　　번역《제2의 성서, 신약시대, 구약시대(전 2권)》출간(9월, 해누리출판사)
　　　　　장편소설《외교관 1, 2 (전 2권)》출간(9월, 우리문학사)
　　　　　- 관련 기사: 조선일보, 중앙일보, 세계일보(8.31.), "소설 외교관 출간,
　　　　　외교부 인사정책 비판"; 동아일보(9.1.), "말, 말, 말"(소설 외교관 인용)
　　　　　인터뷰: MBC 라디오 "MBC초대석 차인태입니다"(9.29.)
2002년　번역《권력과 영광》출간(4월, 그레이엄 그린, 해누리출판사)
　　　　　번역《이솝 우화》출간(7월, 해누리출판사)
　　　　　번역《사포》출간(10월, 알퐁스 도데, 해누리출판사)
　　　　　번역《군주론, 로마사 평론》출간(12월, 마키아벨리, 해누리출판사)
　　　　　수필〈나는 부자아빠가 싫다〉등 8편 발표(12월, 국방부 "마음의 양식"
　　　　　제80집)
2003년　번역《짜릿한 넘 하나 물어와》출간(4월, 동화집, 해누리출판사)
　　　　　특강: "21세기 문화의 흐름", 추계예술대학(4.9.)
　　　　　월간〈착한 이웃〉창간, 발행인(5월)
　　　　　- 노숙자 등을 무료로 치료하는〈요셉의원〉돕기 활동, 2008년 4월까지
　　　　　잡지 발행, 매년 연말에 자선미술전 개최, 수익금 전액 기증

	번역 《新 군주론》 출간(7월, 귀차르디니, 해누리출판사) 제20 시집 《개나라의 개나으리들》 출간(9월, 해누리출판사)
2004년	번역 《Sunlight on the Land Far From Home》(홍윤숙 시선집 "타관의햇살") 영역 출간(1월, Perperkorn Edition, Germany) 편저 《동서양의 고사성어》 출간(3월, 해누리출판사) 편저 《동서양의 천자문》 출간(4월, 해누리출판사) 번역 《세상의 지혜》 출간(4월, 발타사르 그레시안, 해누리출판사) 장편소설 《사랑은 없다》 출간(12월, 해누리출판사)
2005년	번역 《주님과 똑같이》 출간(3월, 성 샤를 드 푸코 일기, 해누리출판사) 편저 《세계명화성서, 신약, 구약(전 2권)》 출간(5월, 해누리출판사) 제15회 한국가톨릭 매스컴상, 출판부문상 수상 (12월)
2006년	번역 《아무도 모르는 예수》 출간(3월, 해누리출판사)
2007년	편역 《세계의 명언 1,2(전 2권)》 출간(1월, 해누리출판사) 서평: 《세계의 명언》, 배인준 칼럼, 동아일보(2.27.) 인터뷰 특집: "우리들의 '착한 이웃' 이동진 시인", 글 박경희, 방송문예(4월호) 특강: "이웃에게 봉사하는 삶", 레이크사이드 CC(5.7.) 제21 시집 《사람의 아들은 이렇게 말했다》 출간(6월, 해누리출판사) 번역 《링컨의 일생》 출간(8월, 에밀 루드비히, 해누리출판사) 번역 《천로역정》 출간(12월, 존 번연, 해누리출판사)
2008년	번역 《좋은 왕 나쁜 왕-帝鑑圖說》 출간(1월, 중국고전, 해누리출판사) 편저 《에센스 명화 성경-구약 1,2, 신약 1,2 (전 4권)》 출간(1월, 해누리출판사) 서평: "에센스 명화성경-구약 1,2, 신약 1,2 (전 4권) 발간", 가톨릭시보(2.17) 월간 〈착한 이웃〉 폐간(4월) 번역 《터키인들의 유머》 출간(8월, 해누리출판사)
2009년	제22 시집 《Songs of My Soul》 출간(11월, 해누리출판사) 제23 시집 《내 영혼의 노래-등단 40주년 기념시집》 출간(11월, 해누리출판사) 번역 《명상록》 출간(9월, 아우렐리우스, 해누리출판사)
2010년	번역 《성서 우화》 출간(1월, 중세 유럽 우화집 "Gesta Romanorum"의 국내 최초 번역, 해누리출판사) 《A Review of Korean History 1, 2, 3 (전 3권)》(한영우 저, "다시 찾는 한국역사") 영어 감수 및 일부분 영역, 출간(1월, 경세원) 번역 《365일 에센스 톨스토이 잠언집》 출간(7월, 톨스토이, 해누리출판사)
2011년	칼럼 연재: 원자력위원회 회보 "원우"(1월~12월) 일본 일간지에 이동진 소개 칼럼: "브랏셀의 가을", 글 오이카와 고조, 日本經濟新聞(3.2.)

2012년	인터뷰 특집: "책벌레 외교관 30년, 책장수는 내 운명", 일간 아시아경제(9.11) 인터뷰 특집: "출판사대표가 된 전직 대사 이동진", 기아자동차 사보 "마침표"(12월호)
2014년	번역 《Rose Stone in Arabian Sand》(신기섭 시집 "사막의 장미) 영역 출간(3월, 해누리출판사) 편저 《영어속담과 천자문》 출간(8월, 해누리출판사) 제24 시집 《개나라에도 봄은 오는가》 출간(12월, 해누리출판사)
2015년	대화마당 "공영방송, 국민의 기대와 KBS의 현실"에 질문자로 참여 (5.16~28., 주최 KBS이사회) 편저 《영어속담과 고사성어》 출간(7월, 해누리출판사) 번역 《성공 커넥션》 출간(12월, 제시 워렌 티블로우, 이너북)
2017년	제25 시집 《굿 모닝, 커피》 출간(12월, 해누리출판사) 번역 《영어속담과 함께 읽는 세상의 지혜》 출간(2월, 발타사르 그라시안, 해누리출판사)
2018년	번역 《역사를 바꾼 세계 영웅사》 출간(7월, 해누리출판사)
2019년	번역 《세상을 어떻게 이해할 것인가》 출간(1월, 니체, 해누리출판사) 번역 《1분 군주론》 출간(8월, 마키아벨리, 해누리출판사) 제26 시집 《얼빠진 세상-등단 50주년 기념시집》 출간(12월, 해누리출판사)
2020년	제27 시집 《얼빠진 시대-등단 50주년 기념시집》 출간(4월, 해누리출판사)
2021년	평역 《한 권으로 읽는 밀레니얼 삼국지》 출간(7월, 해누리출판사) 인터뷰: "칠십 평생 직업만 다섯 개, 이동진 전 대사가 사는 법", 조선일보(4.24.) 제28 시집 《얼빠진 나라-등단 50주년 기념시집》 출간(11월, 해누리출판사)
2024년	평역 《한 번은 읽어야 할 신곡》 출간(3월, 해누리출판사)
2024년	제29 시집 《더 밝은 내일을 향하여》 출간(7월, 해누리출판사)

찾아보기 — 시 가나다순

시, 가나다순

가

감사할 일이 많다! • 116
같은 입, 같은 손인데 왜 다를까? • 240
걸레도 걸레 나름이다 • 100
견해 차이가 아니라 인생관이 다르다… • 255
광신도의 광란은 교주가 죽어야 끝난다 • 129
그리하리라 • 196
기도하라, 기적을 믿어라 • 236
기호 지세에는 공수래공수거 뿐이다 • 81

나

나이들수록 못하는 일도 많아지지만… • 186
남도 나 자신도, 모든 죄를 용서하자 • 51
너, 나, 우리는 지나가는 바람이다 • 41
너무 오래 여기서 꾸물대지 말고 적절할 때 떠나가자 • 172
노부부의 사랑 • 77
눈물의 계곡은 기적의 골짜기다 • 200
늙은 베르테르의 사랑, 그건 미친 짓이다 • 34

다

다이아몬드에 눈먼 왕비의 추태(우화) • 68
대문 밖이 저승이다! • 140

더 밝은 내일을 향하여 • 225
더위도 더위 나름이다 • 95
돈 철학… • 178
뒷마당 노송 두 그루 • 194

라

림보나마 감지덕지 아닐까? • 245

마

마약중독보다 더 독한 중독성의 뉴스병 • 160
막이 내린다, 종이 울린다 • 219
명당 자리 따위는 원래 없다 • 38
모든 것은 변한다 • 126
모든 영혼은 평등하다 • 263
목조가옥 • 201
무슨 뜻인가? • 174
무시무종은 신이다 • 234
무한한 바다, 무수한, 생각의 바다… • 249
문제가 생기면… • 136
물질은 천하고 정신은 고상한가? • 158

바

바닷가 아이들 모래성 쌓기 놀이 • 36
병들지 마라 아픈 게 죄다 • 145
불가능한 꿈은 망상일 뿐일까? • 138

비겁한 자, 비열한 자, 용감한 자 • 54

사

사라질 때는 고요하게! • 169
사랑은 결국 덧없는 갈증 • 43
사랑은 영원한 것, 그래, 그렇지 • 217
사형제도에 찬성한다 • 91
산 영혼, 죽은 영혼 • 198
산다는 것은 변한다는 것이다 • 143
생긴대로 살아라! • 48
생로병사가 독감처럼 되면, 유토피아일까? • 113
생로병사는 선택이 아니다 • 62
생사는 천직이니, 누구나 모두가 순직이다 • 227
생사의 갈림길, 선택은 자유다 • 58
세월 앞에는 장사 없다 • 79
시간의 소리 • 183
신목, 즉 신의 눈초리 • 258
실타래 • 193
10년 젊게 보인다? 그래서? • 165
썩은 정치인들이 다 죽어야 나라가 산다 • 85

아

아뉴스 데이(Agnus Dei), 하느님의 어린양 • 242
아디오스, 아미고! • 188
어느 새 사라지는 꽃잎들 빗방울들 • 253
어떤 사람은… • 71
우리 몸은 질그릇 작은 등잔 하나 • 232
우리 시간은 오로지 오늘 뿐이다 • 46

우물 안 개구리들과 산불 • 65
유시유종! • 119
이슬 한 방울 • 215
이승의 가치가 저승에서도 통할까? • 154
인류 역사는 밤하늘이다 • 56
인류의 가슴에 감동을 준 주님! • 203
인생도 역사도 하루일 뿐일까? • 247
인생도 인생 나름, 일장춘몽만은 아니다 • 181
인생은 별 거 아니지만… • 28
인품의 향기는 널리 퍼지리라 • 112

자

자, 떠날 때가 다가온다 • 89
자선, 선행… 한가로운 소리일 뿐일까? • 72
잘난 놈도 세상에는 없다 • 121
재채기는 우리 몸의 정당방위다 • 108
저승에서 그들은 후회나 할까? • 102
전세사기의 공범들은 국회에 있다! • 74
젊은 날의 짧은 소나기 같은 감정 • 212
족발집 앞을 지나며 • 147
주님의 뜻대로, 그 사랑으로…, • 223

차

착각 • 252
찬미와 감사 뿐이다 • 151
찰나와 영원의 차이 • 229

천년제국 왕궁터 • 83
초 한 자루 • 191
촛불의 불꽃은 초의 영혼이다 • 238
추억의 빈 의자 • 221
친구란… • 149

타

틱톡 틱톡 • 176

파

파라오들의 미이라는 가짜 신이다 • 105
판사가 풍향계의 닭일 바에야 AI가 더 낫지 • 132
포도주와 사람 • 264
폴리비지. 즉 정치꾼, 정치모리배 • 210
풀잎 끝에 매달린 잠자리 • 32
프랑스의 뉴 패션은 빈대! • 163

하

허공을 잡고는 일어설 수 없다 • 262
허망보다는 신앙이 더 낫다 • 98
허망한 것들… • 134
환생보다 더 괴로운 일은 없다, 하지 마라 • 260
황천의 나룻배 • 124